国家电网有限公司
STATE GRID
CORPORATION OF CHINA

U0655417

国家电网有限公司
社会保障管理政策简本

2021 版

国家电网有限公司◎编

中国电力出版社
CHINA ELECTRIC POWER PRESS

图书在版编目（CIP）数据

国家电网有限公司社会保障管理政策简本：2021版 /
国家电网有限公司编 . — 北京：中国电力出版社，
2021.12 （2022.3重印）

ISBN 978-7-5198-6208-4

Ⅰ.①国… Ⅱ.①国… Ⅲ.①电力工业—工业企业—
社会保障—政策—中国—2021 Ⅳ.① F426.61

中国版本图书馆 CIP 数据核字 (2021) 第 237139 号

出版发行：中国电力出版社
地　　址：北京市东城区北京站西街 19 号（邮政编码 100005）
网　　址：http://www.cepp.sgcc.com.cn
责任编辑：石　雪（010-63412557）曲　艺
责任校对：黄　蓓　朱丽芳
装帧设计：宝蕾元
责任印制：钱兴根

印　　刷：北京盛通印刷股份有限公司
版　　次：2021 年 12 月第一版
印　　次：2022 年 3 月北京第四次印刷
开　　本：787 毫米 ×1092 毫米　16 开本
印　　张：9.5
字　　数：120 千字
定　　价：49.00 元

前　言

习近平总书记在中央政治局第二十八次集体学习时发表重要讲话，强调社会保障是保障和改善民生、维护社会公平、增进人民福祉的基本制度保障，是促进经济社会发展、实现广大人民群众共享改革发展成果的重要制度安排，是治国安邦的大问题。这一重要讲话，为我们做好社会保障工作指明了前进方向、提供了根本遵循。近年来，公司深入贯彻习近平新时代中国特色社会主义思想，以物质激励为基础，统筹考虑职工的能力素质、工作履历、职业发展、生活需求等，创新应用各种激励方式，实施多样化、个性化的激励措施，构建了具有电网特色的社会保障体系，让公司改革发展成果更广泛地惠及全体职工，充分体现了公司党组对全体职工的关心关爱。

为使全体职工更清晰地了解公司社会保障体系，为职工提供看得懂算得清的社保政策解读，国家电网有限公司社会保障管理中心精心编制了《国家电网有限公司社会保障管理政策简本（2021版）》，认真梳理了与职工工作和生活紧密相关的150个问题，并根据国家有关政策法规进行了解答，同时考虑到基本养老保险等项目属地特点明显，部分问题以北京市的政策规定进行了案例解析，希望借此进一步增强全体职工的获得感、幸福感和安全感，更加充分地激发全体职工的内生动力，为"一体四翼"发展布局落地实施、实现公司高质量发展提供有力支撑。

编　者

2021年11月

目 录

二　关于基本医疗保险

三　关于工伤保险

四　关于失业保险

五　关于生育保险

六　关于住房公积金

🤝 企业补充保险篇

一　关于企业补充医疗保险

二　关于企业年金

￥ 福利待遇篇

☕ 退休人员待遇篇

附　录

总体概况篇

第1问 公司职工一般可以享受到哪些社保待遇？

按照国家和属地政策，公司为职工和离退休人员建立了全覆盖、多层次的社会保障体系，主要涵盖 31 个项目，按项目特点分为在职 20 项和退休后11 项。

1. 在职 20 项

主要包括 8 个保险项目和 12 个福利项目，其中保险项目分为"五险一金"（基本养老、基本医疗、工伤、失业、生育、住房公积金）6 个基本项目，企业补充医疗和企业年金 2 项企业补充保险；福利项目包括防暑降温费、食堂经费、体检费等项目。

2. 退休后 11 项

公司职工退休后，除领取养老金、企业年金，享受基本医疗保险和企业补充医疗保险待遇外，对符合条件的离退休人员建立了 7 个统筹外费用项目，包括按月生活补贴、一次性生活补贴、困难补助等。

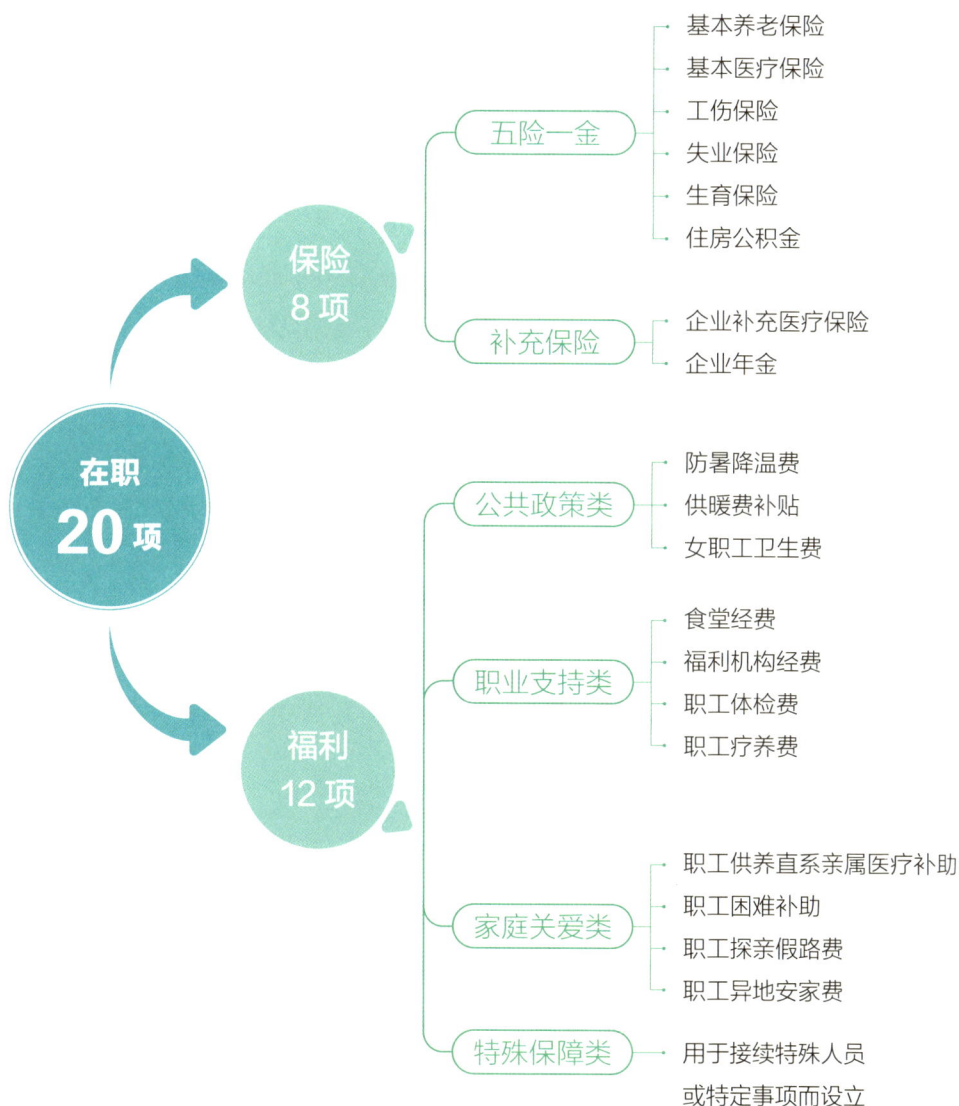

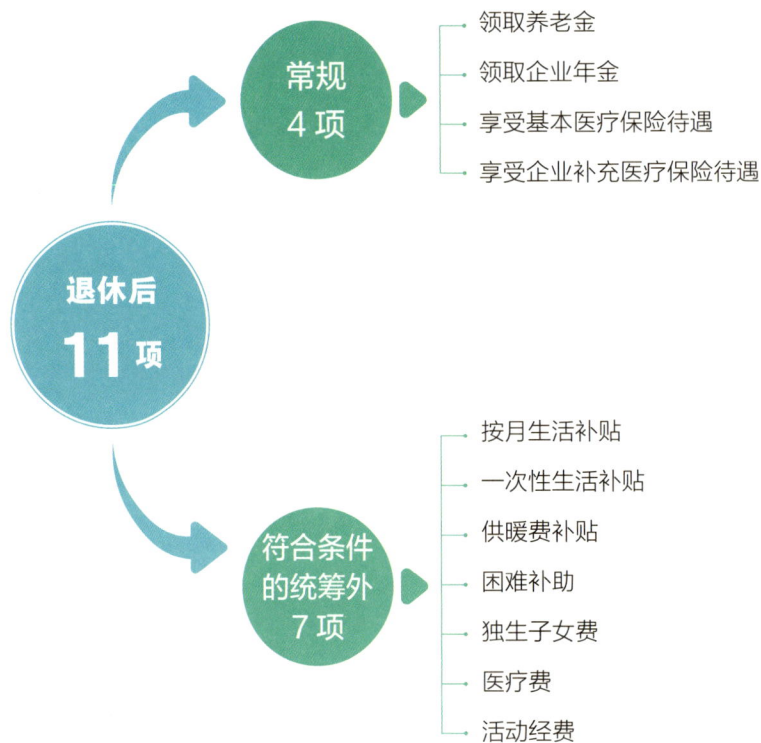

退休后 **11** 项

常规
4 项
- 领取养老金
- 领取企业年金
- 享受基本医疗保险待遇
- 享受企业补充医疗保险待遇

符合条件
的统筹外
7 项
- 按月生活补贴
- 一次性生活补贴
- 供暖费补贴
- 困难补助
- 独生子女费
- 医疗费
- 活动经费

"五险一金"篇

一 关于基本养老保险

第 2 问　什么是职工基本养老保险？

职工基本养老保险，是指参保职工按规定缴纳养老保险费达到法定期限或法定退休年龄后，国家和社会为其提供物质帮助，以保证因年老或病残退出劳动领域，仍具有稳定、可靠的生活来源的一项社会保险。

小贴士　我国基本养老保险体系包括什么？

我国法定基本养老保险体系，主要包括城镇职工基本养老保险、城乡居民基本养老保险、机关事业单位基本养老保险三项。

第 3 问　每月缴纳基本养老保险的水平是多少？

根据国家基本养老保险政策，单位和职工每月应缴纳的基本养老保险，按照职工本人缴费基数与缴费比例确定，其中：

本人缴费基数实行"封顶保底"原则，根据本人上年度月平均工资，各省、自治区、直辖市（以下简称各地）公布的缴费基数上、下限综合考虑确定，一般按照本人上年度月平均工资核定。若本人上年度月平均工资超过缴费基数上限，按照上限执行；若低于缴费基数下限，按照下限执行。通常我们每年所说的缴费基数调整，就是因为本人上年度平均工资和各地公布的缴费基数上、下限有了新的变化，所以要核定新的缴费基数，一般在每年 7 月进行。因此，职工在当年 7 月到次年 6 月这 12 个月内，应缴纳的基本养老保险额度是一致的。

> **案例**
>
> 　　缴费比例，单位和职工个人一般分别为 16%、8%。
>
> 　　以北京市为例，2021 年 7 月—2022 年 6 月，职工基本养老保险月度缴费基数上限为 28221 元、下限为 5360 元。按上限计算，每月单位、职工个人应缴额度分别为 4515.36 元（28221×16%）、2257.68 元（28221×8%）；按下限计算，每月单位、职工个人应缴额度分别为 857.60 元（5360×16%）、428.80 元（5360×8%）。

第4问　辞职等特殊情况如何缴纳基本养老保险？

- 职工辞职后并未进入新的用人单位，但想要继续参加基本养老保险的，一般包含以下两种情况：一是以灵活就业人员身份在工作所在地继续参加城镇职工基本养老保险，二是以城乡居民身份在户籍所在地参加城乡居民基本养老保险。

- 职工在被判刑、劳动教养期间停止缴纳基本养老保险费。

- 职工未达到法定退休年龄时因病或非因工致残完全丧失劳动能力的，

从基本养老保险基金中向其支付病残津贴仍按月参加基本养老保险；因病或非因工死亡的，从基本养老保险基金中向其遗属一次性支付丧葬补助金和抚恤金。

◆ 新参加工作或失业后再就业的人员，转业、复员、退伍军人，由机关或其他企、事业单位调（转）入企业的人员，缴纳基本养老保险费时，以进入本企业工作第一个月的工资作为当年各月缴费工资基数。从第二年起，以本人上一年在本企业应发工资的月平均工资作为缴费工资基数。

案例

　　职工 A（户籍所在地为浙江省杭州市）在北京某单位工作 3 年后主动辞职，工作期间养老保险正常缴费。A 辞职后未进入新的用人单位，可以灵活就业人员身份在北京继续参加城镇职工基本养老保险，也可以城乡居民身份在杭州参加城乡居民基本养老保险。辞职一年后，A 又在北京某企业找到了一份新的工作，则缴纳基本养老保险费时，以进入该企业工作第一个月的工资作为当年各月缴费工资基数。从第二年起，以 A 上一年在该企业应发工资的月平均工资作为缴费工资基数。

第 5 问 **职工基本养老保险缴费中断有哪些影响？**

　　职工基本养老保险实行"多缴多得、长缴多得"。中断的时间越长，缴费时间越短、缴的钱越少，相比正常缴费职工，个人可享受的养老金水平会相对较低。所以养老保险尽量不要中断，如果中断，要及时恢复缴费或补缴。

缴费中断是否影响已有的养老保险权益？

如果一段时间没有缴费致使养老保险关系中断，已经获得的养老保险权益不会受到影响，社保机构会准确记录个人账户储存额，并且连续计算利息，也就是说缴的养老保险不会白缴的。

缴费中断如何影响领取养老金时间？

目前，退休领养老金的条件中有一条是累计缴费满15年（180个月）。如果长时间中断，到退休时累计缴费不足15年，就要按照规定延长缴费至15年。如此一来，领养老金的时间就会比同龄人晚。

缴费中断对买车、买房有什么影响？

在北京，外埠户籍需要连续上满5年的社保才能在北京买车摇号和买房（这里的社保只包括五险）。若期间内断缴，则"5年"需要重新进行计算。

基本养老保险费补缴的话，滞纳金怎么计算？

根据国家和属地政策有关规定，未按时足额缴纳社会保险费的，自欠缴之日起，按日加收万分之五的滞纳金。如果欠缴时间过长，滞纳金将有可能超过应缴额度（本金）。

案例

例如A、B两职工同龄，26~30岁时，均在北京某单位工作5年，期间正常缴纳养老保险。后A辞职经商30年，经商期间未缴纳养老保险，B一直在原单位工作，工作期间正常缴纳养老保险。60岁时，B从单位退休，按月领取养老金，而A因累计缴费时间（5年）不足15年无法和B同时开始领取养老金，需按照规定延长缴费至15年后开始。且由于A的累计缴费年限、账户累计缴纳金额均小于B，所以领取的养老金金额也小于B。

第 6 问　职工基本养老保险个人账户是什么？

职工基本养老保险个人账户是社会保险经办机构为每位参保职工设立的，用于记录参保职工缴纳的基本养老保险费和从企业缴费中划转计入的基本养老保险费（按照国家规定，自2006年1月1日起，个人账户全部由个人缴费形成，企业缴费不再划入），以及上述两部分的利息金额。

个人账户额度　＝　个人缴费　＋　企业缴费划入部分　＋　利息

第 7 问　职工基本养老保险个人账户如何计息？

职工基本养老保险个人账户按照规定的记账利率计算利息。国家统一政策前，企业职工基本养老保险个人账户记账利率由各地公布。根据《人力资源社会保障部财政部关于印发统一和规范职工养老保险个人账户记账利率办法的通知》（人社部发〔2017〕31号）规定，自2016年起统一机关事业单位和企业职工基本养老保险个人账户记账利率，每年由国家统一公布。记账利率不得低于银行定期存款利率，免征利息税。

小贴士

社保养老和储蓄理财养老，哪个更划算？

有人说，缴养老保险不如把钱存银行理财，是这样吗？

职工基本养老保险是国家建立的基本养老保险制度，由单位和个人按月共同缴费。职工自己缴的钱，进入个人账户，连本带利累积到退休，都是自己的，是养老金的一部分。达到法定退休年龄，符合条件的就可以按月领取养老金，包括自己缴的，还有社会统筹的。

关于缴养老保险、把钱存银行理财，如何更划算，主要从五个方面进行比较：

1. 谁能紧跟社会平均工资水平涨幅？

养老金水平高低与退休上年度社会平均工资有直接关系。这表明养老金的计发充分考虑到了社会平均工资涨幅。假如退休时，上年度社会平均工资已经涨到 2 万元 / 月，那么养老金的计发必须以此作为参数来计算。

不论哪种理财方式，最后个人的收益一定都是由本金按一定收益率积累一定年限后产生的，收益率由约定或理财运营情况决定。目前，还没有哪种储蓄或理财能够承诺提供与 10、20 年后社会平均工资涨幅基本一致的收益率。

2. 谁的利率更高？

养老保险个人账户记账利率由国家统一公布，一般为上年度工资增长率的 80%~90%。从公布的数据看，2016 年度记账利率为 8.31%，高于银行存款，也跑赢大多数理财产品。

当前，一年期个人整存整取定期存款利率为 1.5%，活期存款利率为 0.35%；目前各大银行推出的个人理财产品，稳健性的理财产品，年化收益率在 3%~5% 之间。

因此，即使每个月把全部缴纳的养老保险，存入银行或进行理财，当期利率或年化收益率水平也不能够抵御未来多年的通货膨胀。参加养老保险，享有国家保障，才是正确的选择。

3. 谁的增长机制更稳？

人社部数据显示，2012—2020年，企业职工月人均养老金由1686元增长到2900元。2021年，总体调增比例为4.5%，超过3000元，实现了"17连涨"（从2005年开始）。

存钱或理财，账户余额只能按利率或收益率增长，几乎不存在其他增长机制。

4. 谁的账户用完还可以继续用？

当一个长寿老人的养老保险个人账户中已无余额，养老保险仍将继续按政策每月支付养老金，一分都不会少。而存钱或理财，账户的钱取完了，银行是不会多给一分钱的。

5. 谁还有其他方面待遇？

假设，职工因病或非因公死亡的，死亡时，个人账户余额可继承。另外，其法定继承人或指定受益人可领取丧葬费等待遇。而存钱或理财，账户余额可依法继承，但没有任何丧葬费等待遇。

因此，经过五个方面对比，社保养老更好更划算。

第8问 职工如何查询自己的基本养老保险个人账户？

为方便职工查询本人的社会保险权益，国家和地方人社部门提供了多种渠道，主要包括以下几种。

1. 电话查询

职工可拨打12333，按语音操作提示，自助查询基本养老保险账户信息。

2. 国家社会保险公共服务平台查询

职工可登录人社部的国家社会保险公共服务平台,注册后查询基本养老保险账户信息。

3. 微信公众号或手机 App 查询

以北京地区为例,职工还可以进入"北京人社"微信公众号或手机App,查询个人基本养老保险账户信息。

4. 社保机构查询

职工携带社保卡,到社保机构大厅办理查询业务。

5. 单位协助查询

职工提出申请,单位人资社保部门协助查询个人基本养老保险账户信息。

第 9 问 职工如何通过对账单关注基本养老保险个人账户?

为了方便职工及时了解个人养老保险参保、缴费等信息,各地建立了基本养老保险年度对账制度,为职工提供基本养老保险权益查询渠道。

以北京市 2021 年为例,4 月 1 日后,北京市社会保险权益查询服务网站(http://fuwu.rsj.beijing.gov.cn/bjdkhy/ggfw/)和社会保险自助终端优先开通电子版《2020 年度北京市社会保险个人缴费信息对账单》查询打印功能,在 2020 年内参加了社会保险且存在 1 个月（含）以上正常缴费记录的人员可以直接进行查询打印。

职工在取得对账单后，应核对 2020 年度个人缴费情况。主要查看以下信息：

一看个人参保信息

对账单显示的个人参保信息应与实际相符，其中姓名、社会保障号码必须与个人身份证信息一致。

二看累计缴费年限

即从个人账户建立之月至对账年度年底的累计年限。该部分是影响个人养老金高低的重要因素，通过缴费月数可以看出自己是否存在断缴、漏缴。

三看缴费基数

个人缴费基数根据本人上一年度月平均工资和当地公布的缴费基数上下限确定。

职工如有异议，可经所在单位确认后，由所在单位持对账单到所属社保经办机构进行相关信息核对、修改或补缴。

社会保险权益对账单还有什么信息可查？

小贴士

对账单上还有上年度基本医疗保险、工伤保险、失业保险和生育保险每月的缴费信息，职工可一并核查。

第 *10* 问 职工基本养老保险个人账户可以提前支取吗？

职工基本养老保险个人账户不得提前支取。若职工死亡或出境定居可以支取。

个人在达到法定领取基本养老金条件前离境定居的，其个人账户予以保留，达到法定领取条件时，按照国家规定享受相应的养老保险待遇。其中，丧失中华人民共和国国籍的，可以在其离境时或者离境后书面申请终止职工基本养老保险关系。社会保险经办机构收到申请后，应当书面告知其保留个人账户的权利以及终止基本养老保险关系的后果，经本人书面确认后，终止其职工基本养老保险关系，并将个人账户储存额一次性支付给本人。

法定的领取基本养老金条件是什么？

小贴士

职工累计缴费年限满 15 年（含视同缴费年限）的，达到国家法定退休年龄。

第 11 问 职工基本养老保险个人账户余额是否可以继承？

参加职工基本养老保险的个人死亡后，其个人账户中的余额可以全部依法继承。但对于 2006 年 1 月 1 日前参保的职工，个人账户除了本人缴费外，还有从企业缴费中划转的部分，该部分不能继承。

第 12 问 职工取得境外永久性居民身份证后如何参保？

职工在境外合法取得当地永久性居民身份证后，所在单位应停止为其缴纳社会保险费，及时为其办理终止社会保险关系的手续。社会保险经办机构应当终止其社会保险关系，并根据职工的申请，对参加基本养老保险且不符合领取基本养老金条件的，将其基本养老保险个人账户储存额中的个人缴费部分一次性退给本人；参加基本医疗保险的，将其个人账户结余部分一次性退给本人；参加失业保险的，单位和个人此前缴纳的失业保险费不予退还。

案例

国际公司一职工被派到巴西，常年参与巴西电力工程建设管理。该职工在巴西工作期间，合法取得当地永久性居民身份证。国际公司停止为其缴纳社会保险费，并及时为其办理终止社会保险关系的手续。若此时该职工刚好已符合领取基本养老金条件，则按月领取基本养老金。若不满足领取条件，则由社会保险经办机构根据职工的申请，将其基本养老保险个人账户储存额中的个人缴费部分、基本医疗保险个人账户结余部分一次性退给本人，单位和个人此前缴纳的失业保险费不予退还。

第13问 职工跨省流动就业，如何办理基本养老保险关系转移接续？

◆ 职工返回户籍所在地就业参保的，户籍所在地的相关社保经办机构应为其及时办理转移接续手续。

◆ 职工未返回户籍所在地就业参保的，由新参保地的社保经办机构为其及时办理转移接续手续。但对年满50周岁的男性和年满40周岁的女性，应在原参保地继续保留基本养老保险关系，同时在新参保地建立临时基本养老保险缴费账户，记录单位和个人全部缴费。职工再次跨省流动就业或在新参保地达到待遇领取条件时，将临时基本养老保险缴费账户中的全部缴费本息，转移归集到原参保地或待遇领取地。

◆ 职工经县级以上党委组织部门、人力资源社会保障行政部门批准调动，且与调入单位建立劳动关系并缴纳基本养老保险费的，不受以上年龄规定限制，应在调入地及时办理基本养老保险关系转移接续手续。

案例

　　某单位一 45 岁女职工，户籍为山东省济南市，自参加工作起一直在济南工作，后通过系统内调动到北京工作，则该职工在济南继续保留基本养老保险关系，同时在北京建立临时基本养老保险缴费账户，记录单位和个人全部缴费。如果该职工户籍迁入北京后，则可以由北京市的相关社保经办机构为其及时办理转移接续手续。

小贴士

办理企业职工养老保险关系转移简单了

　　企业职工养老保险关系转移业务已经开通网上办理渠道，全面推行"不见面"服务。

流程优化　　登录国家社会保险公共服务平台、"掌上 12333"App 或电子社保卡，线上即可提出转移申请，不再需要提交纸质申请表。参保人可线上查询转移业务办理进度，随时掌握业务办理情况。

材料精简　　取消了参保缴费凭证，参保人不用再为了开具参保缴费凭证返回原参保地了。

时限缩短　　社保经办机构对符合转移条件的一般业务，大幅压缩办理时限。

第 14 问　企业职工基本养老保险和机关事业单位养老保险怎么转移接续？

1. 职工从机关事业单位到企业工作的，按以下流程办理：

（1）出具参保缴费凭证。职工转移接续前，单位或职工到基本养老保险关系所在地（以下简称转出地）社会保险经办机构申请开具《养老保险参保缴费凭证》。转出地社会保险经办机构核对相关信息后，出具《参保缴费凭证》，并告知转移接续条件。

（2）转移接续申请。职工新就业单位或本人向新参保地（以下简称转入地）社会保险经办机构提出转移接续申请并出示《参保缴费凭证》，填写《养老保险关系转移接续申请表》。如职工在离开转出地时未开具《参保缴费凭证》，由转入地社会保险经办机构与转出地社会保险经办机构联系补办。

（3）发联系函。转入地社会保险经办机构对符合转移接续条件的，应在受理之日起 15 个工作日内生成《基本养老保险关系转移接续联系函》，并向参保人员转出地社会保险经办机构发出。

（4）转出基本养老保险信息表和基金。转出地社会保险经办机构在收到《基本养老保险联系函》之日起 15 个工作日内，终止职工在本地的基本养老保险关系，并办理基本养老保险基金划转手续。其中：个人缴费部分按记入本人个人账户的全部储存额计算转移。单位缴费部分以本人改革后各年度实际缴费工资为基数，按 12% 的总和转移。

（5）基本养老保险关系转入。转入地社会保险经办机构收到基本养老保险信息表和转移基金，在信息、资金匹配一致后 15 个工作日内办结相关手续，并将办结情况告知职工新单位或职工本人。

2. 职工从企业到机关事业单位工作的，按上述流程办理。转移基金按以下办法计算：

（1）个人账户储存额：1998 年 1 月 1 日之前个人缴费累计本息和 1998 年 1 月 1 日之后个人账户的全部储存额。个人账户储存额与按规定计算的资金转移额不一致的，1998 年 1 月 1 日之前的，转入地和转出地均保留原个人账户记录；1998 年 1 月 1 日至 2005 年 12 月 31 日期间，个人账户记账比例高于 11% 的部分不计算为转移基金，个人账户记录不予调整，低于 11% 的，转出地按 11% 计算转移资金并相应调整个人账户记录；2006 年 1 月 1 日之后的个人账户记账比例高于 8% 的部分不转移，个人账户不予调整，低于 8% 的，转出地按 8% 计算转移资金，并相应调整个人账户记录。

(2) 统筹基金（单位缴费）：以本人 1998 年 1 月 1 日后各年度实际缴费工资为基数，按 12% 的总和转移；参保缴费不足 1 年的，按实际缴费月数计算转移。

第 15 问　哪些情形不需要办理职工基本养老保险关系转移？

- ◆ 企业职工在省内流动就业的不需要转移基本养老保险关系。目前全国各省已经实现企业职工养老保险省级统筹，省内流动就业只需办理变更登记即可。

- ◆ 职工在新参保地建立临时缴费账户的。原参保地继续保留职工基本养老保险关系，不需要办理转移。

- ◆ 职工在原参保地存在超过 3 年（含 3 年）的一次性缴费，且无法提供有关法律文书或其他有关材料的，不能转移该一次性缴纳的资金和年限。

- ◆ 职工在原参保地存在欠费且拒绝补缴的，欠缴时间不计算缴费年限，个人欠费的时间不转移基金。

- ◆ 职工已开始领取养老保险待遇的，不再办理转移。

第 16 问　职工基本养老保险待遇有哪些？

◆ 参加基本养老保险的个人，达到法定退休年龄时累计缴费满 15 年的，按月领取基本养老金。

◆ 参加基本养老保险的个人，因病或者非因工死亡的，其遗属可以领取丧葬补助金和抚恤金；在未达到法定退休年龄时因病或者非因工致残完全丧失劳动能力的，可以领取病残津贴。所需资金从基本养老保险基金中支付。

第 17 问　什么是职工基本养老保险视同缴费年限？

视同缴费年限，指参保职工实际缴费年限之前，按国家规定计算的连续工作年限。视同缴费年限的认定依据是原劳动部办公厅《关于印发〈职工基本养老保险个人账户管理暂行办法〉的通知》（劳办发〔1997〕116 号）。职工在实行企业和职工个人共同缴纳基本养老保险制度之前，按国家规定计算为连续工龄的时间，都可以作为视同缴费年限。

另外，机关事业单位正式职工调入企业后，其原有的工作年限为视同缴费年限。复员退伍军人、城镇下乡知识青年被招为合同制工人，且参加了基本养老保险的，其军龄及下乡期间按国家规定计算为连续工龄的年限，可作为视同缴费年限。

小贴士

如何计算视同缴费年限？

不同地区、行业的员工参加基本养老保险制度时间不同，在计算视同缴费年限时，应根据个人实际情况确定视同缴费年限的起止时间。如某职工于1982年10月参加工作，于1993年1月按照电力行业政策开始参加职工基本养老保险，此期间的年限即为视同缴费年限。

第 18 问　职工法定退休年龄是如何规定的？

国家法定的企业职工退休年龄是：

◆ 男年满60周岁，女工人年满50周岁，女干部年满55周岁。

◆ 从事井下、高空、高温、特别繁重体力劳动或其他有害身体健康工作（以下称特殊工种）的，退休年龄为男年满55周岁、女年满45周岁。

◆ 因病或非因工致残，由医院证明并经劳动鉴定委员会确认完全丧失劳动能力的，退休年龄为男年满50周岁、女年满45周岁。

设有特殊工种的企业，每年要向地市级劳动保障部门报送特殊工种名录、实际用工人数及在特殊工种岗位工作的人员名册及其从事特殊工种的时间。按特殊工种退休条件办理退休的职工，从事高空和特别繁重体力劳动的必须在该工种岗位上工作累计满10年，从事井下和高温工作的必须在该工种岗位上工作累计满9年，从事其他有害身体健康工作的必须在该工种岗位上工作累计满8年。

小贴士

职工出生时间身份证和档案记载不一致时，怎么确定？

根据劳社部发〔1999〕8号文件规定，职工法定出生时间由人社部门采取身份证和档案相结合的办法认定，身份证和档案记载不一致的，按照"最早最先"的原则，以档案中最早的一份有效材料记载的出生时间为准。

第19问 职工达到法定退休年龄，基本养老保险累计缴费不满 15 年怎么办？

职工可以有三种选择：

◆ 可以延长缴费至满 15 年。若在《社会保险法》实施前（2011 年 7 月之前）参保、延长缴费五年后仍不足 15 年的，可以一次性缴费至满 15 年。

◆ 可以申请转入户籍所在地城乡居民社会养老保险，享受相应的养老保险待遇。

◆ 累计缴费不足 15 年，且未转入城乡居民社会养老保险的，个人可以书面申请终止基本养老保险关系。社会保险经办机构收到申请后，应当书面告知其转入城乡居民社会养老保险的权利以及终止职工基本养老保险关系的后果；经本人书面确认后，终止其职工基本养老保险关系，并将个人账户储存额一次性支付给本人。

案例

女职工 A（户籍湖南长沙）在北京工作，2021年7月年满55周岁，但其养老保险累计缴费只有8年。通过查阅缴费记录，其延长缴费5年后仍不足15年（13年），则 A 可以一次性缴费至满15年。如果 A 不愿意一次性缴费至满15年，还可以申请转入长沙市城乡居民社会养老保险，享受相应的养老保险待遇，或书面申请终止基本养老保险关系。

第 20 问 在多个地方参保，如何确定基本养老保险待遇领取地？

跨省流动就业的职工达到待遇领取条件时，按下列规定确定其待遇领取地：

◆ 基本养老保险关系在户籍所在地的，由户籍所在地负责办理待遇领取手续，享受基本养老保险待遇。

◆ 基本养老保险关系不在户籍所在地，而在其基本养老保险关系所在地累计缴费年限满10年的，在该地办理待遇领取手续，享受当地基本养老保险待遇。

◆ 基本养老保险关系不在户籍所在地，且在其基本养老保险关系所在地累计缴费年限不满10年的，将其基本养老保险关系转回上一个缴费年限满10年的原参保地办理待遇领取手续，享受基本养老保险待遇。

◆ 基本养老保险关系不在户籍所在地，且在每个参保地的累计缴费年限均不满10年的，将其基本养老保险关系及相应资金归集到户籍所在地，由户籍所在地按规定办理待遇领取手续，享受基本养老保险待遇。

确定养老保险待遇领取地的两个指标是什么？

小贴士

企业职工退休后，如何确定养老保险待遇领取地可以重点依据两个指标来判断：一是基本养老保险关系是否在户籍地，二是在基本养老保险关系所在地的累计缴费年限是否满10年。

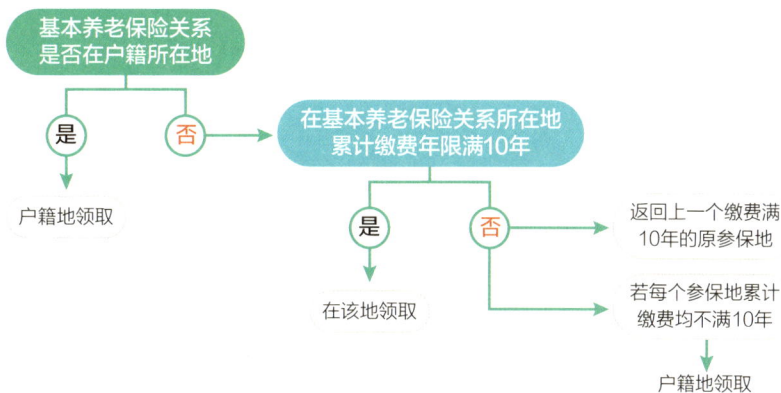

```
基本养老保险关系
是否在户籍所在地
    │
  ┌─┴─┐
  是   否 ──→ 在基本养老保险关系所在地
  │           累计缴费年限满10年
  ↓                  │
户籍地领取         ┌──┴──┐
                  是     否 ──→ 返回上一个缴费满
                  │              10年的原参保地
                  ↓
              在该地领取       ──→ 若每个参保地累计
                                  缴费均不满10年
                                        │
                                        ↓
                                   户籍地领取
```

案例

某男职工年满60岁，工作期间频繁调动工作地点，按时间先后分别为：长沙市（户籍所在地）3年、南京市12年、杭州市3年、厦门市2年、北京市11年，则其可在北京市办理待遇领取手续，享受北京市基本养老保险待遇。若其在北京市只工作了5年就年满60岁，则将其基本养老保险关系转回南京市办理待遇领取手续，享受基本养老保险待遇。若其在南京市也只工作了5年就发生了调动，则将其基本养老保险关系及相应资金归集到长沙市，由长沙市按规定办理待遇领取手续，享受基本养老保险待遇。

二 关于基本医疗保险

第 21 问　什么是职工基本医疗保险？

职工基本医疗保险是社会保障体系中的重要组成部分，用人单位和职工共同参加，按照财政、用人单位和职工个人的承受能力来确定职工医疗待遇水平。基本医疗保险实行个人账户与统筹基金相结合，保障广大参保人的基本医疗需求。

小贴士

我国基本医疗体系包括什么？

我国基本医疗保险体系，主要包括城镇职工基本医疗保险和城乡居民基本医疗保险。

第22问 每月缴纳基本医疗保险的水平是多少?

根据国家基本医疗保险政策,单位和职工每月应缴纳的基本医疗保险,按照职工本人缴费基数与缴费比例确定,其中:

本人缴费基数确定原则同职工基本养老保险一致,根据本人上年度月平均工资、各地公布的缴费基数上下限综合考虑确定(详见第3问)。

案例

缴费比例,单位和职工个人一般分别为8%、2%。

北京市为提高职工医疗保障水平,减轻个人负担,制定了《大额医疗费用互助暂行办法》,明确单位按职工缴费基数的1%缴纳大额医疗费用互助资金,职工按每月3元缴纳,从工资中代扣代缴,因此每月单位和职工个人缴纳比例分别为:9%、2%+3元。

北京市2021年7月—2022年6月职工基本医疗保险月度缴费基数上限为28221元、下限为5360元。按上限计算,每月单位、职工个人应缴额度分别为2539.89元(28221×9%)、567.42元(28221×2%+3);按下限计算,每月单位、职工个人应缴额度分别为482.40元(5360×9%)、110.20元(5360×2%+3)。

第23问 办理参保缴费后,职工什么时间开始享受基本医疗保险待遇?

单位应在与职工建立劳动(工作)关系当月内为其办理参保手续,职工从参保缴费当月起享受基本医疗保险待遇。

第 *24* 问　基本医疗保险缴费中断会有什么影响？

因临时换工作、离职待业等原因造成断缴，在中断期间不能享受基本医疗报销，影响累计缴费年限计算和退休后基本医疗保险待遇。

小贴士　基本医疗保险中断了，该怎么办？

（1）参保单位未按时缴纳职工医保费的，可以办理补缴手续，分两类情况：补缴 2011 年 7 月《社会保险法》实施前医保费的，参保单位到参保所在区社会保险经办机构（或医疗保险经办机构）办理补缴缴费手续。补缴 2011 年 7 月（含）《社会保险法》实施以后医保费的，参保单位到参保所在区社会保险经办机构（或医疗保险经办机构）根据政策要求提供补缴申报材料，办理补缴缴费手续且根据《社会保险法》第八十六条之规定，自欠缴之日起，按日加收万分之五的滞纳金。

（2）转移至新单位继续参保。职工调动工作单位，职工基本医疗保险可按规定随同转移至新单位继续参保。以北京市为例，如果跨统筹地区社会保险转移，本人带好相关证件到社保中心转移窗口办理转移；如果在统筹地区内或同一市内，当从某单位辞职后，只需该单位办理退工停保手续，新单位办理用工参保手续，社保关系自动转入新单位。

（3）办理延期缴至最低年限。基本医疗保险的年限是可以积累的，如果中断，需缴够年限方可在退休后享受基本医疗待遇。如果到了退休年龄，还是不够最低缴费年限，北京户口可以办理延期缴费，外地户口缴够 10 年才能办理延期缴费，不够 10 年的需转回户口所在地续缴。

第 *25* 问 什么是基本医疗保险个人账户？

　　基本医疗保险个人账户是医保部门为参加城镇职工医保的人员建立的一个账户，用于记录、储存个人缴纳的医保费和单位缴费中按比例划入的医保费。

　　1998 年《国务院关于建立城镇职工基本医疗保险制度的决定》规定：职工个人缴纳的基本医疗保险费，全部计入个人账户。用人单位缴纳的基本医疗保险费分为两部分，一部分用于建立统筹基金，一部分划入个人账户。划入个人账户的比例一般为用人单位缴费的 30% 左右，具体比例由统筹地区根据个人账户的支付范围和职工年龄等因素确定。

　　2021 年《国务院办公厅关于建立健全职工基本医疗保险门诊共济保障机制的指导意见》明确将改进个人账户计入办法，在职职工个人账户由个人缴纳的基本医疗保险费计入，计入标准原则上控制在本人参保缴费基数的 2%，单位缴纳的基本医疗保险费全部计入统筹基金。具体调整进度将由省级医保部门会同财政部门按照以上原则，指导统筹地区结合本地实际研究确定。

　　目前，北京市尚未对单位缴费划入个人账户比例及标准作出调整，仍按照以下标准执行。

序号	年龄段	个人账户额度	备注
1	不满 35 周岁	按本人缴费工资基数的 2.8% 划入	单位缴纳的 0.8% 和个人缴纳的 2.0%
2	35 周岁以上不满 45 周岁	按本人缴费工资基数的 3.0% 划入	单位缴纳的 1.0% 和个人缴纳的 2.0%
3	45 周岁以上	按本人缴费工资基数的 4.0% 划入	单位缴纳的 2.0% 和个人缴纳的 2.0%

注：对达到 35 周岁、45 周岁的职工，从满 35 周岁、45 周岁的次月起分别按单位缴纳的 1.0%、2.0% 的比例划入个人账户。

第 26 问 职工基本医疗保险个人账户基金如何使用？

个人账户基金只能用于支付在定点医疗机构或定点零售药店发生的，符合基本医疗保险药品目录、诊疗项目范围、医疗服务设施标准所规定项目范围内的医药费用。个人账户原则上要实行钱账分管，个人当期的医疗消费支出可采取划账的形式，最后由经办机构定期与定点医疗机构和定点药店统一进行结算。个人账户原则上不得提取现金，禁止用于医疗保障以外的其他消费支出。

北京市为增强城镇职工基本医疗保险个人账户互助共济性，提高个人账户资金使用效率，明确个人账户使用范围如下：

- 个人账户主要用于支付职工在定点医疗机构或定点零售药店发生的政策范围内自付费用。

- 个人账户可以用于支付职工本人及其配偶、父母、子女在定点医疗机构就医发生的由个人负担的医疗费用，以及在定点零售药店购买药品、医疗器械、医用耗材发生的由个人负担的费用。

- 个人账户探索用于支付职工本人及其配偶、父母、子女参加本市城乡居民基本医疗保险和长期护理保险的个人缴费，支持购买本市补充医疗保险。

- 个人账户不得用于公共卫生费用、体育健身或养生保健消费等不属于基本医疗保险保障范围的其他支出。

第 27 问　如何办理职工基本医疗保险关系转移接续？

职工跨统筹地区流动就业，新就业地有接收单位的，参加新就业地城镇职工基本医疗保险；无接收单位的，个人应在中止原基本医疗保险关系后的3个月内到新就业地社会保险经办机构办理登记手续，按当地规定参加城镇职工基本医疗保险或城镇居民基本医疗保险。

职工跨统筹地区流动就业并参加新就业地城镇基本医疗保险的，由新就业地社会保险经办机构通知原就业地社会保险经办机构办理转移手续，不再享受原就业地城镇基本医疗保险待遇。建立个人账户的，个人账户原则上随其医疗保险关系转移划转，个人账户余额（包括个人缴费部分和单位缴费划入部分）通过社会（医疗）保险经办机构转移。

以北京市为例，在外地参加过城镇职工医保的人员来京工作，办理医保关系转移接续手续有关流程如下：

第一步　职工所在单位或者本人持有效身份证原件（仅用于核验）及复印件、原参保地经办机构开具的《参保凭证》原件，到本市参保区社会保险经办机构转移接续柜台办理转入手续（"社会保险网上服务平台"也可以办理）。

第二步　本市参保区社会保险经办机构在收到转入业务申请材料后15个工作日内，生成并向职工原参保地经办机构邮寄《基本医疗保险关系转移接续联系函》（通知原参保地提供《参保人员医疗保险变更类型信息表》）。

第三步　本市参保区社会保险经办机构在收到原参保地的《参保凭证》和《参保人员医疗保险变更类型信息表》后，核实确认相关信息；如果有转移资金一并到账的情况，需同时确认资金到账情况无误后，在15个工作日内为参保人办理转入手续。

小贴士

在原参保地的缴费年限转移吗？

北京市明确，跨统筹地区到本市的流动就业人员，在办理医疗保险关系转移接续后，其在原就业（参保）地的城镇企业职工基本医疗保险的缴费年限，视同本市基本医疗保险缴费年限。

第 28 问　职工到哪些医疗机构就医可以享受基本医疗报销？

职工应到个人选定的定点医疗机构，或定点中医、定点专科以及当地医保管理部门选定的医疗机构。职工因患急症不能到本人选定的定点医疗机构就医时，可在就近的定点医疗机构急诊就医或住院治疗，但病情稳定后应及时转回本人的定点医疗机构。

第 29 问　什么是定点医药机构？职工如何选择？

定点医药机构是定点医疗机构（定点医院）和定点零售药店（定点药店）的统称，是与医疗保障管理部门签订服务协议，为基本医疗保险职工提供医疗服务的医院、药店。

以北京市为例，职工首次参保时选定自己的定点医院，可以选择 4~5 家。除中医医院、定点专科医院、定点社区卫生服务机构无需选择外，部分资质优秀的医院纳入无须选择的医疗机构范围。相关医疗机构如下图所示：

直接就医

- 本人选定的定点医疗机构
- 39 家 A 类定点医疗机构
- 164 家中医定点医疗机构
- 160 家专科定点医疗机构
- 2200 余家定点社区卫生服务机构

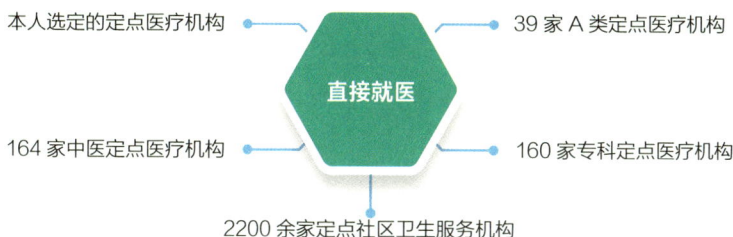

39 家 A 类定点医疗机构名单

原有 32 家

1. 中国医学科学院北京协和医院
2. 首都医科大学附属北京同仁医院
3. 首都医科大学宣武医院
4. 首都医科大学附属北京友谊医院
5. 北京大学第一医院
6. 北京大学人民医院
7. 北京大学第三医院
8. 北京积水潭医院
9. 中国中医科学院广安门医院
10. 首都医科大学附属北京朝阳医院
11. 中日友好医院
12. 北京大学首钢医院
13. 首都医科大学附属北京中医医院
14. 首都医科大学附属北京天坛医院
15. 北京世纪坛医院（北京铁路总医院）
16. 北京市健宫医院
17. 北京市房山区良乡医院
18. 北京市大兴区人民医院
19. 北京市石景山医院
20. 北京医院
21. 首都医科大学附属北京安贞医院
22. 首都医科大学附属北京潞河医院
23. 国家电网公司北京电力医院
24. 航空总医院
25. 北京市海淀医院
26. 北京市垂杨柳医院
27. 北京市昌平区医院
28. 北京市顺义区医院
29. 北京市平谷区医院
30. 北京市密云区医院
31. 北京市延庆区医院
32. 北京怀柔医院

新增 7 家

1. 北京清华长庚医院
2. 中国医学科学院阜外医院
3. 中国中医科学院西苑医院
4. 首都医科大学附属复兴医院
5. 航天中心医院
6. 北京燕化医院
7. 北京市第二医院

小贴士

个人无需选择定点药店，在参保地任意一家定点药店按规定购药，都可纳入医保报销范围。流程如下：

参保人员应先到定点医疗机构就医，由定点医疗机构按规定提供有医师签名并加盖"定点医疗机构处方外配专用章"的外配处方（一式两份），之后方可到基本医疗保险定点药店购药。

参保人员持外配处方购药时，应主动出示社保卡。药店按相关规定对所有信息核对无误后，用社保卡为参保人员结算药品费用。医疗保险基金支付的费用由药店垫付，其余费用由参保人员现金交纳，同时为参保人员出具发票和费用清单。

第 30 问 如何查询个人基本医疗保险的定点医疗机构？

主要包括以下几种：

1. 电话查询

职工拨打 12333，按照语音操作提示，自助查询。

2. 在"社会保险网上服务平台"进行查询

3. 微信公众号或手机 App 查询

以北京地区为例，职工还可以进入"医保北京"微信公众号或手机 App 查询。

4. 社保机构查询

职工携带社保卡，到社保机构大厅办理查询业务。

5. 单位协助查询

职工提出申请，单位人资社保部门协助查询。

第 31 问 如何变更个人的定点医疗机构？

职工对就医的定点医疗机构，可提出更改要求，由统筹地区社会保险经办机构办理变更手续。

以北京市为例，变更个人定点医疗机构主要包括两种途径：一是单位变更。职工将变更后医院名称及代码告知本单位人资社保部门，单位通过登录"社会保险网上服务平台"或通过社保企业版软件报盘至社保机构进行变更，次日生效。二是自主变更。职工通过"医保北京"公众号、"北京市社会保险网上服务平台"自行变更定点医疗机构，次日生效。办理时间为每月4日至月末最后一天，早六点至晚十点。

第 32 问 基本医疗保险如何报销？

国家制定国家基本医疗保险药品目录、诊疗项目、医疗服务设施标准及相应的管理办法。各地根据国家规定制定本地区相应的实施标准和办法。

以北京市为例，基本医疗保险基金报销范围包括：在规定的定点医疗机构就医，符合基本医疗保险的"药品目录""诊疗项目目录""医疗服务设施范围"三个目录规定的，以及急诊、抢救的医疗费用。具体报销比例如下表所示：

起付线		封顶线	报销比例	
			社区医院	其他医院
门诊类	1800 元	2 万元	90%	70%

		报销比例			
		医疗费用金额段	一级医院	二级医院	三级医院
住院类	本年度第一次住院 1300 元，第二次及以后每次 650 元	1300~3 万元	90%	87%	85%
		3 万~4 万元	95%	92%	90%
		4 万~10 万元	97%	97%	95%
		10 万~50 万元		85%	

如何看懂门诊收费票据？

小贴士

国家未出台具体规定，以北京市为例，说明如下：

北京市医疗门诊收费票据

医保已实时结算

第一步 先看"备注"，主要包括三类：

无自付：指医保基金按比例全额报销的费用。

有自付：指个人先行负担一部分费用，剩余部分医保基金按比例报销的费用。

全自付：指完全自费的部分，医保不予报销的费用。

第二步 看"基本信息"

医保类型：分为城镇职工、城乡居民等。

医保编号：参保人在医保系统中的唯一标识。

第三步 看"基本医疗保险统筹基金或其他资金支付部分"

医保统筹基金支付：患者本次就医所发生的医疗费用中按规定由基本医疗保险统筹基金支付的全额。

其他支付：患者本次就医所发生的医疗费用中按规定由门诊

大额、退休补充、残军补助、单位补充（原公疗）等基金或资金支付的金额。

（1）门诊大额支付：患者本次就医所发生的医疗费用中按规定由医保大额基金支付的金额。

（2）退休补充支付：患者本次就医所发生的医疗费用中按规定由退休补充基金支付的金额。

（3）残军补助支付：患者本次就医所发生的医疗费用中按规定由残军补助资金支付的金额。

（4）单位补充（原公疗）：患者本次就医所发生的医疗费用中按规定由单位补充（原公疗）基金支付的金额。

第四步 看"个人支付部分"

个人账户支付：按政策规定用个人账户支付参保人的医疗费用。

个人现金支付：个人通过现金、银行卡、微信、支付宝等渠道支付的金额。

个人自付：患者本次就医所发生的医疗费用中由个人负担的属于基本医疗保险目录范围内自付部分的金额；开展按病种、病组、床日等打包付费方式且由患者定额付费的费用。

个人自付＝自付一＋自付二。该项为个人所得税大病医疗专项附加扣除信息项。

（1）自付一：医保范围内按比例计算个人应负担的金额，其中包括起付金额和超年度大额封顶金额。

起付金额：指本次就医所发生的医疗费用中起付线以下的医保范围内金额。

超封顶金额：指本次就医所发生的医疗费用中年度封顶线以上的医保范围内金额。

（2）自付二：指医疗保险范围内的有自付类的药品、检查治疗和材料，其中需个人先行负担的部分。

个人自费：患者本次就医所发生的医疗费用中按照有关规定不属于基本医疗保险目录范围而全部由个人支付的费用。

第五步 看"累计部分"

医保范围内：指本次就医所发生的医疗费用中能够纳入医保支付范围的费用总额。

年度医保范围内：指截至本次费用结算，本年度内医保范围内的累计金额。

年度门诊大额支付：指截至本次费用结算，本年度内医疗保险基金为参保人门诊已报销的累计总额。

第六步 看"金额合计"

金额合计 = 其他支付 + 个人自付 + 个人自费 = 其他支付 + 个人账户支付 + 个人现金支付

第 33 问 基本医疗保险不予报销的范围是什么？

◆ 应当从工伤保险基金中支付的费用。

◆ 应当由第三人负担的费用。

◆ 应当由公共卫生负担的费用。

◆ 在境外就医的费用 。

小贴士

基本医疗保险基金支付急救车费用吗？

基本医疗保险基金不支付急救车费用，但在救护过程中发生的药品等医疗费用可按照基本医疗保险规定纳入医保基金支付范围。

案例 1

退休的老王在市场买菜时与卖菜青年小刘发生口角。两人扭打在一起，导致老王右手脱臼，小刘头部血肿。经众人调解后，两人同赴定点医疗机构外科治疗。

老王和小刘虽然属于医疗保险的参保人群，但两人因打架斗殴产生的医疗费用属于上述不纳入基本医疗保险基金支付范围的"应当由第三人负担"的情形，因此基本医疗保险基金不予报销。

案例 2

赵大爷走在路上被撞倒了，如果撞倒赵大爷的肇事者逃逸了，目前找不到，那么赵大爷看病治疗只能自己掏钱吗？

如果肇事者逃逸无法找到，医保基金可以先行支付赵大爷的医疗费用。《社会保险法》第三十条第二款规定："医疗费用依法应当由第三人负担，第三人不支付或者无法确定第三人的，由基本医疗保险基金先行支付。基本医疗保险基金先行支付后，有权向第三人追偿。"赵大爷这种情况应当由肇事者这个第三人负担，肇事者逃逸不支付的，可由基本医疗保险基金先行支付。医保基金先行支付后，有权向肇事者追偿。

案例 3

冯先生在上班途中被车撞倒，也应由医保支付吗？

冯先生因为是在上班途中发生交通事故。首先，要按照事故的责任来确定医疗费用的支付主体。如果冯先生在交通事故责任认定中承担主要责任，则应由他个人承担医疗费用。如果是对方承担全部责任或主要责任，则由对方支付他的医疗费用；如果对方逃逸的，可由工伤保险先行支付他的医疗费用。

第 34 问　基本医疗保险报销对住院天数有限制和要求吗？

医保部门对住院天数没有限制，职工住院期间发生的医保政策范围内费用，医保按规定予以报销。住院天数由医生根据病人病情需要及医院相关管理规定确定。

第 35 问　医疗机构级别不一样，基本医疗保险报销的比例是否也不一样？

职工在不同等级的定点医疗机构就医，个人负担医疗费用的比例有所差别，以鼓励职工到基层定点医疗机构就医。

以北京市为例，医疗保险按照医院级别分别设置医保报销待遇，采取差异化的分级医保报销政策，引导职工"小病到社区，大病到医院"。总体看，对一级、二级医院的报销比例高于三级医院。

第 36 问　非个人定点医疗机构就医后如何报销？

除急诊和急救外，职工在非选定的定点医疗机构就医发生的费用，不得由基本医疗保险基金支付。如果职工因患急症到非选定的定点医疗机构急诊就医或住院治疗，可在痊愈后持相关医疗单据由单位协助到医保部门审核医疗单据后进行报销。

> **案例**
>
> 某职工在北京市参保，在长沙市出差期间突发急性阑尾炎，到长沙市某定点医疗机构办理急诊住院治疗，痊愈后将所有医疗票据带回北京，由单位经办人员帮助进行手工报销。

第 37 问　什么是社保卡？

社保卡即中华人民共和国社会保障卡，是指由人力资源和社会保障部统一规划，由各地人力资源和社会保障部门面向社会发行，用于人力资源和社会保障各项业务领域的集成电路（IC）卡。

社保卡的持卡人可凭卡进行医疗保险个人账户实时结算、办理养老保险事务、办理求职登记和失业登记手续等。

第 *38* 问 社保卡如何申领和挂失？

新参保职工一般需要申领社保卡，在不慎丢失后需要挂失和重新申领。以北京市为例，具体申领挂失手续如下：

- ◆ 职工参加基本医疗保险并正常缴费后，由单位办理社保卡申领手续并发放给职工。

- ◆ 职工个人社保卡若不慎丢失，需及时办理挂失，避免发生盗刷、银行账户盗取等风险。挂失补卡有以下几种方式：

挂失补卡方式

01 口头挂失
本人拨打 96102 进行口头挂失，口头挂失有效期 7 天，有效期内账户将被冻结，若 7 天之内找到了社保卡，可拨打 96102 解除冻结。

02 到社保所办理
直接到社保所办理正式挂失和补卡业务，确认社保卡丢失后，本人持身份证到社保所办理挂失补卡业务。

03 北京人社微信公众号
通过北京人社微信公众号中"微服务 - 办理服务"进行社保卡补换卡或卡申领。

小贴士

电子社保卡的申领与使用

电子社保卡与实体社保卡一一对应，功能相通。职工只要领取了实体社保卡，且实体卡未注销的，就可以在人社部门官方授权的多个渠道上申领和使用，包括国家政务服务平台、国务院客户端微信小程序、电子社保卡小程序、"掌上12333"App，30多个各级人社部门和地方政府部门的手机App，工、农、中、建、交、邮储、招商、平安等银行及各地社保合作行手机App，支付宝、微信、云闪付等互联网渠道。职工可以在以上多个渠道申领，也可以仅在其中一个渠道申领。

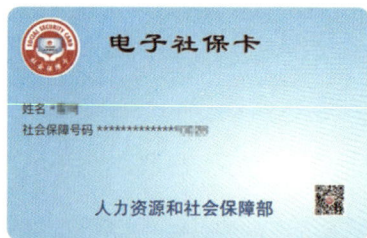

医保电子凭证的激活与使用

医保电子凭证是医疗保障信息平台中参保人的唯一标识，医保电子凭证可与电子社保卡同时使用，在就医、买药过程中与社保卡具有相同功能。目前全国已有部分地区上线应用医保电子凭证，基本医疗保险参保人员去医院就医时可以不带社保卡，直接使用手机上的电子凭证即可。

医保电子凭证的激活可根据各地区医疗保障管理部门规定，通过当地医保服务平台、手机App、微信、支付宝、银联云闪付、协议银行等办理激活手续。

第 39 问 看病未持社保卡，费用能报销吗？

急诊 如果到医院挂急诊号看病，只要是医保定点医院，带不带社保卡，医疗费用都可以报销。出示社保卡或医保电子凭证就医的，只需支付个人自付部分；未出示社保卡或医保电子凭证就医的，须个人先全额垫付，保留好医院开具的收据、处方、诊断证明等材料，交由单位（或社保所）到区医保经办机构进行手工报销。

门诊 如果到医院挂普通门诊号看病，持社保卡在本人定点医院看病的，医保给予实时报销。未持社保卡或持社保卡在非本人定点医院看病的，医保不予报销。

第 40 问 职工就医如何更好地享受基本医疗保险报销待遇？

◆ 要尽量使用符合基本医疗保险的"药品目录""诊疗项目目录""医疗服务设施范围"三个目录规定的药品和诊疗项目，少用全自费药品和自费检查项目；能住普通病房的，不住高档病房等，就可以减少自付费用，降低自付比例。

◆ 合理选择医院。平时职工发生普通疾病，例如感冒发烧、需长期服药的慢性病定期开药时，应首先选择离家近的社区医院或普通二级医院，不仅报销比例高，而且省去了大医院挂号难排队时间长等烦恼，就医舒适度体验远高于大医院。

第 41 问　职工申请办理异地就医有哪些要求？

国家明确异地就医包括三类：

◆ 职工短期出差、学习培训或度假等期间，在异地发生疾病并就地紧急诊治发生的医疗费用，一般由参保地按参保地规定报销。

◆ 职工因当地医疗条件所限需异地转诊的，医疗费用结算按照参保地有关规定执行。参保地负责审核、报销医疗费用。有条件的地区可经地区间协商，订立协议，委托就医地审核。

◆ 异地长期居住的退休人员在居住地就医，常驻异地工作的人员在工作地就医，原则上执行参保地政策。参保地经办机构可采用邮寄报销、在参保人员较集中的地区设立代办点、委托就医地基本医疗保险经办机构代管报销等方式改进服务，方便参保人员。

北京市明确退休异地安置、单位长期派驻外地工作、在外省市长期居住或就读、因病情需要转往外地就医 4 类参保人员可以申请办理跨省异地就医。职工应提前到所属辖区社会保险经办机构办理备案；转外就医人员由本人或被委托人到所属辖区医疗保险经办机构办理备案。

小贴士

未进行异地就医备案的职工，在异地发生的医疗费用能报销吗？

未进行异地就医备案的职工，原则上医疗保险基金不予支付。但因突发情况不能回京治疗，在异地医保定点医院急诊就医发生的医疗费用，可由参保人员先行全额垫付，回京后申请手工报销。

有没有线上办理异地就医备案的渠道？

路径1：在"国家医保服务平台"App，点击"业务办理"中的"异地就医"。异地就医包含"快速备案"和"自助开通"。"快速备案"现在覆盖22省级地区，点击"查看"按钮，下拉查看已开通的统筹地区。"自助开通"现在覆盖13省级地区，点击"查看"按钮下拉查看已开通的统筹地区。

路径2：在微信小程序搜索"国家异地就医备案"，进入小程序完成"快速备案"。或者微信小程序搜索"国家政务服务平台"中"跨省异地就医备案"完成线上备案。

路径3：在"国家医保服务平台"App，点击"业务办理"中的"异地就医"-"住院查询"-"参保地医保经办机构查询"功能版块，了解所在参保地提供的线上备案渠道。

如何实现异地就医直接结算？

参保人员办理异地就医备案后，前往就医地已开通跨省异地就医直接结算功能的医保定点医院就医，凭医保电子凭证或持社保卡就医，即可直接结算医疗费用，实时报销（具体办理流程见下图）。异地就医直接结算按照"就医地目录，参保地政策，就医地管理"执行。

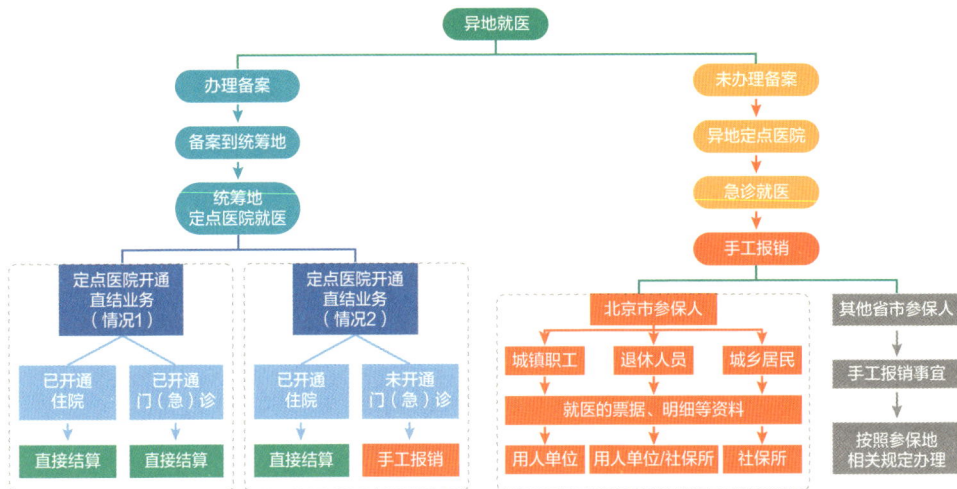

注：因网络故障等客观原因未能实现直接结算，应全额垫付医疗费用，回参保地按规定申请手工报销。

第 42 问　职工如何享受大病保险待遇？

根据国家健全重特大疾病保障机制等要求，各地建立了城镇职工大病医疗保障机制。

以北京市为例，城镇职工大病医疗保障无须个人申请，具体情况如下。

（1）报销范围：享受上一年度职工基本医疗保险待遇后，基本医疗保险政策范围内的个人自付医疗费用，扣除单位补充医疗保险和社会救助对象医疗救助金额后，超过起付线（不含）的部分，纳入职工大病医疗保障报销范围。

（2）报销周期：一年报销一次，次年报销上年度费用。

（3）报销标准：职工大病保险起付线为城乡居民大病保险起付线的 1.3 倍（城乡居民大病保险起付线为上一年度本市城镇居民中 20% 低

收入户人均可支配收入）。以 2020 年为例，城镇职工大病保险起付线为 39525 元（城乡居民大病保险起付线为 30404 元）。起付线（不含）以上符合大病医疗保障报销范围的个人自付医疗费用，实行分段累计报销。其中，5 万元（含）以内部分，由城镇职工大额医疗互助资金支付 60%；5 万元（不含）以上部分，由城镇职工大额医疗互助资金支付 70%，上不封顶。

费用类别	起付线	报销比例		封顶线
所有符合报销范围的个人自付医疗费用	2020 年城镇职工大病保险起付线为 39525 元	5万元(含)以内部分，由城镇职工大额医疗互助资金支付60%	5万元(不含)以上部分，由城镇职工大额医疗互助资金支付70%	无

（4）**倾斜政策**：享受本市城乡居民最低生活保障和生活困难补助人员、享受城乡低收入救助人员、特困供养人员和低收入农户四类困难人员，大病医疗保障起付标准降低 50%，各费用段支付比例分别提高 5 个百分点。

案例

　　参保职工老王患有大病，在 2020 年发生的门（急）诊和住院医疗费用，经基本医疗保险报销，并扣除单位补充医疗保险和社会救助对象医疗救助金额后，医保政策范围内的个人自付医疗费用仍有 20 万元，可用于大病医疗保障报销的费用为 200000－39525 ＝ 160475（元）。

　　其中，5 万元（含）以内部分的报销额为 50000×60%=30000（元），5 万元（不含）以上部分的报销额为（160475－50000）×70%=77332.5（元）。

　　合计报销额为 30000+77332.5=107332.5（元）。

第 *43* 问　职工患病或非因公负伤的医疗期是多久？

医疗期是指企业职工因患病或非因工负伤停止工作治病休息不得解除劳动合同的时限。

职工因患病或非因工负伤，需要停止工作医疗时，根据本人实际参加工作年限和在本单位工作年限，给予 3 个月到 24 个月的医疗期：

◆ 实际工作年限 10 年以下的：在本单位工作年限 5 年以下的为 3 个月；5 年以上的为 6 个月。

◆ 实际工作年限 10 年以上的：在本单位工作年限 5 年以下的为 6 个月；5 年以上 10 年以下的为 9 个月；10 年以上 15 年以下的为 12 个月；15 年以上 20 年以下的为 18 个月；20 年以上的为 24 个月。

关于工伤保险

第 44 问　什么是工伤保险？

工伤保险是指职工在工作中或在规定的特殊情况下，遭受意外伤害或患职业病，导致暂时或永久丧失劳动能力以及死亡时，职工或其遗属从国家和社会获得物质帮助的一种保险制度。

第 45 问　每月缴纳工伤保险的水平是多少？

根据国家工伤保险政策，单位每月应缴纳的工伤保险，按照职工本人缴费基数与缴费比例确定，职工个人不缴费。其中：

本人缴费基数确定原则同职工基本养老保险一致，根据本人上年度月平均工资、各地公布的缴费基数上下限综合考虑确定（详见第 3 问）。

案例

　　缴费比例，不同行业单位一般按 0.2%~1.9% 的比例缴纳。

　　以北京市为例，2021 年 7 月—2022 年 6 月职工工伤保险月度缴费基数上限为 28221 元、下限为 5360 元。按上限计算，每月单位应缴额度为 56.44 元（28221×0.2%）至 536.20 元（28221×1.9%）；按下限计算，每月单位应缴额度为 10.72 元（5360×0.2%）至 101.84 元（5360×1.9%）。

第 46 问　如何认定工伤？

　　工伤是指职工在工作过程中因工作原因受到事故伤害或者患职业病。根据《工伤保险条例》有关规定，职工有下列情形之一的，应当认定为工伤：

（1）在工作时间和工作场所内，因工作原因受到事故伤害。

（2）工作时间前后在工作场所内，从事与工作有关的预备性或者收尾性工作受到事故伤害。

（3）在工作时间和工作场所内，因履行工作职责受到暴力等意外伤害。

（4）患职业病。

（5）因工外出期间，由于工作原因受到伤害或者发生事故下落不明。

（6）在上下班途中，受到非本人主要责任的交通事故或者城市轨道交通、客运轮渡、火车事故伤害。

（7）法律、行政法规规定应当认定为工伤的其他情形。

同时，职工有下列情形之一的，视同工伤：

（1） 在工作时间和工作岗位，突发疾病死亡或者在 48 小时之内经抢救无效死亡。

（2） 在抢险救灾等维护国家利益、公共利益活动中受到伤害。

（3） 职工原在军队服役，因战、因公负伤致残，已取得革命伤残军人证，到用人单位后旧伤复发。

小贴士

职工在工作中遭受他人蓄意伤害是否能认定为工伤？

因履行职责遭受人身伤害的，应对其认定工伤。对于暂时缺乏证据，无法判定其受伤害原因是因公还是因私的，可先按照疾病和非因公负伤、死亡待遇处理。待伤害原因确定后，再按照有关规定进行工伤认定。其中认定为工伤的，其工伤待遇享受期限从受伤害之日起计算。已享受的疾病和非因公负伤、死亡待遇，应从工伤待遇中扣除。

职工外出学习休息期间受到他人伤害是否能认定为工伤？

职工受单位指派外出学习期间，在学习单位安排的休息场所休息时受到他人伤害的，应当认定为工伤。

职工代表单位参加比赛活动受伤，是否能认定为工伤？

职工代表单位参加体育比赛受伤，可以视同职工参加单位临时指派的一项工作而受伤，是职工工作的延伸，应视为因工作原因所致，应认定为工伤。

员工因外派借调期间发生工伤，谁担责？

职工被借调期间受到工伤事故伤害的，由原用人单位承担工伤保险责任，但原用人单位与借调单位可以约定补偿办法。

职工违规操作导致意外伤害能否认定工伤？

是可以认定工伤的，工伤认定遵循无过错补偿原则。只要符合在工作时间和工作场所内，因工作原因受到事故伤害的，不管造成事故的起因是在用人单位一方或在伤者一方，都应认定为工伤。

案例 1

职工来往于不同工作场所途中发生交通事故死亡，是否属于工伤？

邱某系某物业管理有限公司的保洁主管，负责的区域是A、B、C、D四个小区的保洁管理工作。该四个小区分布呈"田"字形，小区之间隔着"十"字形的两条纵横马路。某日9时许，邱某上班后，在督导检查完A小区的保洁工作后，从A小区西门穿越马路到B小区时，被一辆小型轿车撞倒受伤，被紧急送往医院进行抢救，后抢救无效死亡。根据公安交警支队出具的道路交通事故认定书，邱某承担本次事故的次要责任。之后，工伤认定部门对邱某受到的事故伤害予以认定为工伤。

《工伤保险条例》第十四条第一项规定："在工作时间和工作场所内，因工作原因受到事故伤害的，应当认定为工伤。"经过工伤认定部门调查核实，虽然邱某发生交通事故的地点不是在工作场所内，但该马路是A小区到B小区的最短路线，是邱某从一个工作场所到另一个工作场所的最合理路线。从广义上讲，来往于职工负责的多个区域的合理路线也应属于工作场所。故邱某在工作时间和工作场所内，因工作原因受到的伤害，应予以认定为工伤。

上下班途中在地铁站楼梯摔伤能否认定为工伤?

案例 2

陆某系某公司职工,平日乘坐公交车和地铁上下班。某日陆某于上班途中在步行进入地铁站出入口时,因雨天路滑,刚从楼梯下行几个台阶就滑倒在地,当场不能动弹。后经医疗机构诊断为尾骨骨折。事后陆某的单位提出工伤认定申请。当地社会保险行政部门经过调查核实,认定陆某所受该起伤害不符合《工伤保险条例》第十四条、第十五条规定,不予认定或者视同工伤。陆某对工伤认定决定不服,提起行政诉讼。一审、二审法院均驳回陆某的诉讼请求。

城市轨道交通事故是指地铁、轻轨等城市轨道交通公共客运系统在运营过程中,因违反作业操作规程,或由于技术设备原因或其他原因引起的运载人员伤亡的事件。本案中,陆某于上班途中在地铁站出入口台阶上自行摔伤,显然不属于交通事故或者城市轨道交通事故。因此,当地社会保险行政部门,作出不予认定工伤,符合法律法规规定。

第 47 问 不得认定为工伤或者视同工伤的一般情形有哪些?

根据《工伤保险条例》规定,职工符合本条例工伤或视同工伤认定情形,但若同时有下列情形之一的,不得认定为工伤或者视同工伤:

- ◆ 故意犯罪。
- ◆ 醉酒或者吸毒。
- ◆ 自残或者自杀。

第 *48* 问 职工发生工伤后，用人单位要做哪些事？

1. 工伤救治和护理

根据《工伤保险条例》第四条的规定，职工发生工伤时，用人单位应当采取措施使工伤职工得到及时救治。

工伤发生的事故现场大多在用人单位，职工发生工伤事故后，用人单位要承担及时救治的责任，对受伤较轻的可以先进行简单处理；但对受伤较重的，应当将伤者尽快送到有处理能力的医疗机构进行抢救和治疗，确保受伤职工及时得到有效救治。

2. 工伤认定申请

根据《工伤保险条例》第十七条规定，职工发生事故伤害或者按照职业病防治法规定被诊断、鉴定为职业病，所在单位应当自事故伤害发生之日或者被诊断、鉴定为职业病之日起 30 日内（工伤职工或者其直系亲属、工会组织在事故伤害发生之日或者被诊断、鉴定为职业病之日起 1 年内），向统筹地区社保经办部门提出工伤认定申请。

3. 劳动能力鉴定申请

根据《工伤保险条例》第二十一条规定，职工发生工伤，经治疗伤情相对稳定后存在残疾、影响劳动能力的，应当进行劳动能力鉴定。设区的市级劳动能力鉴定委员会应当自收到劳动能力鉴定申请之日起 60 日内作出劳动能力鉴定结论。必要时，作出劳动能力鉴定结论的期限可以延长 30 日。劳动能力鉴定结论应当及时送达申请鉴定的单位和个人。

4.工伤保险待遇申领给付

已经参加工伤保险的职工受到事故伤害或者经诊断、鉴定为职业病后认定为工伤的，按照《工伤保险条例》规定享受各项工伤保险待遇。

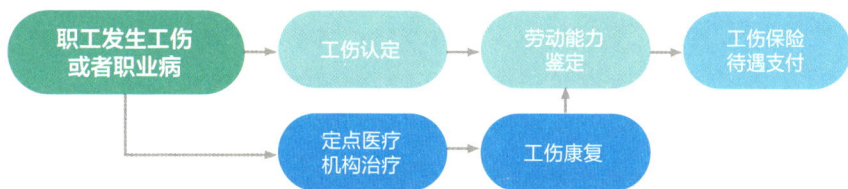

职工发生工伤或者职业病 → 工伤认定 → 劳动能力鉴定 → 工伤保险待遇支付

职工发生工伤或者职业病 → 定点医疗机构治疗 → 工伤康复 → 劳动能力鉴定

5.工伤职工岗位安排及经济补偿

根据《工伤保险条例》第三十六条规定，职工因公致残被鉴定为五级、六级伤残的，保留与用人单位的劳动关系，由用人单位安排适当工作。难以安排工作的，由用人单位按月发给伤残津贴。

用人单位按规定参保的，工伤职工与用人单位解除或者终止劳动关系时，要按照《工伤保险条例》规定，由工伤保险基金支付一次性工伤医疗补助金，由用人单位支付一次性伤残就业补助金。用人单位应当参保而未参保的，则全部由用人单位支付。

案例1

第三人侵权引发交通事故造成的工伤，其工伤医疗费用是否应由工伤保险基金进行赔付？

2014年3月11日，JY公司运维站输电运检班员工钱某、蒋某二人根据当天工作安排，对所辖地区输电线路进行设备巡视，途中蒋某驾驶车辆，钱某随车，与社会车辆发生擦碰事故（经交管部门认定，蒋某负全责）致使车辆倾翻，造成钱某、蒋某二人不同程度受伤，钱某被医院诊断为腰Ⅰ爆裂性骨折，被市劳动能力鉴定委员会鉴定为八级伤残，随后市人社局认定钱某所受事故伤害属于工伤。

根据《最高人民法院关于审理工伤保险行政案件若干问题的规定》（法释〔2014〕9号）第八条：职工因第三人的原因受到伤害，社会保险行政部门已经作出工伤认定，职工或者其近亲属未对第三人提起民事诉讼或者尚未获得民事赔偿，起诉要求社会保险经办机构支付工伤保险待遇的，人民法院应予支持。

案例2

休息日加班后在家突发疾病是否视同工伤？

钟某，生前系某供电公司职工，2016年1月30日（周六）8时30分到岗加班，10时20分突感头晕请假回家休息；17时40分在家晕倒，18时15分到医院抢救；18时30分医院宣布脑出血死亡。钟某突发疾病属于"在工作时间"和"在工作岗位"范畴，符合《工伤保险条例》（国务院令第375号）第三章第十五条"职工有下列情形之一的，视同工伤：（一）在工作时间和工作岗位，突发疾病死亡或者在48小时之内经抢救无效死亡的。"规定，应予以视同工伤。

第49问 **申请工伤认定，需提交哪些材料？**

提出工伤认定申请应当提交下列材料：

◆ 工伤认定申请表，应当包括事故发生的时间、地点、原因以及职工伤害程度等基本情况。

◆ 与用人单位存在劳动关系（包括事实劳动关系）的证明材料。

◆ 医疗诊断证明或者职业病诊断证明书（或者职业病诊断鉴定书）。

工伤认定申请人提供材料不完整时，社会保险行政部门应当一次性书面告知工伤认定申请人需要补充的全部材料。申请人按照书面告知要求补充材料后，社会保险行政部门应当受理。

第 *50* 问 职工发生工伤后，如何做劳动能力鉴定？

劳动能力鉴定由用人单位、工伤职工或者其近亲属向设区的市级劳动能力鉴定委员会提出申请，并按要求提供工伤认定决定和职工工伤医疗的有关资料。

第 *51* 问 非用人单位提出工伤认定申请，必须经过单位同意吗？

用人单位未按规定为职工提出工伤认定申请，受到事故伤害或者患职业病的职工或者其直系亲属、工会组织提出工伤认定申请，职工所在单位是否同意（签字、盖章）不是必经程序。

第52问 工伤保险待遇有哪些？

职工因工作遭受事故伤害或者患职业病进行治疗，享受工伤保险待遇，待遇标准主要执行属地政策规定。

以北京市为例，具体标准如下表所示：

工伤医疗待遇

类别	待遇
工伤医疗费	治疗工伤所需费用符合工伤保险诊疗项目目录、工伤保险药品目录、工伤保险住院服务标准的，从工伤保险基金支付
伙食补助费	每人每天30元
异地治疗交通费、食宿费	住宿费标准上限为每人每天150元，伙食费标准为每人每天50元
伤残辅助器具	工伤职工因日常生活或者就业需要，经劳动能力鉴定委员会确认，可以安装假肢、矫形器、假眼、假牙和配置轮椅等辅助器具，所需费用按照国家规定的标准从工伤保险基金支付

停工留薪期待遇

类别	待遇
停工留薪期内工资福利待遇	职工因工作遭受事故伤害或者患职业病需要暂停工作接受工伤医疗的，在停工留薪期内，原工资福利待遇不变，由所在单位按月支付
停工留薪期时长	停工留薪期一般不超过12个月。伤情严重或者情况特殊，经设区的市级劳动能力鉴定委员会确认，可以适当延长，但延长不得超过12个月。工伤职工评定伤残等级后，停发原待遇，享受伤残待遇。工伤职工在停工留薪期满后仍需治疗的，继续享受工伤医疗待遇

续表

类别	待遇
停工留薪期护理	生活不能自理的工伤职工在停工留薪期需要护理的，由所在单位负责
伤残辅助器具	工伤职工因日常生活或者就业需要，经劳动能力鉴定委员会确认，可以安装假肢、矫形器、假眼、假牙和配置轮椅等辅助器具，所需费用按照国家规定的标准从工伤保险基金支付

因工致残待遇

补偿类别	一次性伤残补助金	伤残津贴（按月支付）	一次性工伤医疗补助金	一次性伤残就业补助金
一级伤残	27 个月本人工资	本人工资的90%+440 元	—	—
二级伤残	25 个月本人工资	本人工资的85%+405 元	—	—
三级伤残	23 个月本人工资	本人工资的80%+370 元	—	—
四级伤残	21 个月本人工资	本人工资的75%+335 元	—	—
五级伤残	18 个月本人工资	本人工资的70%	社平工资×18 个月	社平工资×18 个月
六级伤残	16 个月本人工资	本人工资的60%	社平工资×15 个月	社平工资×15 个月
七级伤残	13 个月本人工资	—	社平工资×12 个月	社平工资×12 个月
八级伤残	11 个月本人工资	—	社平工资×9 个月	社平工资×9 个月
九级伤残	9 个月本人工资	—	社平工资×6 个月	社平工资×6 个月
十级伤残	7 个月本人工资	—	社平工资×3 个月	社平工资×3 个月

续表

补偿类别	一次性伤残补助金	伤残津贴（按月支付）	一次性工伤医疗补助金	一次性伤残就业补助金
因工致残护理	工伤职工已经评定伤残等级并经劳动能力鉴定委员会确认需要生活护理的，从工伤保险基金按月支付生活护理费。 生活护理费按照生活完全不能自理、生活大部分不能自理或者生活部分不能自理 3 个不同等级支付，其标准分别为统筹地区上年度职工月平均工资的 50%、40% 或者 30%			

因工死亡待遇

类别	待遇
丧葬补助金	6 个月的统筹地区上年度职工月平均工资
供养亲属抚恤金	配偶每月可获得职工本人工资的 40%，其他亲属每人每月可获得职工本人工资的 30%，孤寡老人或者孤儿每人每月在上述标准的基础上增加 10%。 自 2021 年 1 月起，每人每月在此基础上增加 200 元。 核定的各供养亲属的抚恤金之和不应高于因工死亡职工生前的工资
一次性工亡补助金	上一年度全国城镇居民人均可支配收入的 20 倍

第 53 问　工伤保险待遇如何申领？

　　职工所在单位应当自事故伤害发生之日或者被诊断、鉴定职业病起 30 日之内，向社会保险行政部门提出工伤认定申请，按照要求领取相关待遇。用人单位未在 30 日之内提交工伤认定申请，在此期间发生符合《工伤保险条例》规定的工伤待遇等有关费用，由用人单位负担。

第 54 问 停止享受工伤待遇的情形有哪些？

根据《工伤保险条例》第四十二条的规定，工伤职工有下列情形之一的，停止享受工伤保险待遇：

- 丧失享受待遇条件。

- 拒不接受劳动能力鉴定。

- 拒绝治疗的。

第 55 问 工伤保险关系是否可以转移？

国家在这方面无相关规定，《北京市实施〈工伤保险条例〉若干规定》第二十四条明确，新的用人单位与工伤职工建立劳动关系，并且同意支付一次性伤残就业补助金的，原用人单位和新用人单位应当及时到社会保险经办机构办理工伤保险关系转移手续。

四 关于失业保险

第 56 问　什么是失业保险？

　　失业保险是指国家通过立法强制实行的，由用人单位、职工个人缴费及国家财政补贴等渠道筹集资金建立失业保险基金，对因失业而暂时中断生活来源的劳动者提供物质帮助以保障其基本生活，并通过专业训练、职业介绍等手段为其再就业创造条件的制度。

第 57 问　每月缴纳失业保险的水平是多少？

　　根据国家失业保险政策，单位和职工每月应缴纳的失业保险，按照职工本人缴费基数与缴费比例确定，其中：

　　本人缴费基数确定原则同职工基本养老保险一致，根据本人上年度月平均工资、各地公布的缴费基数上下限综合考虑确定（详见第3问）。

案例

缴费比例，单位和职工个人一般分别为 0.5%、0.5%。

以北京市为例，2021 年 7 月—2022 年 6 月职工失业保险月度缴费基数上限为 28221 元、下限为 5360 元。按上限计算，每月单位、职工个人应缴额度都为 141.11 元（28221×0.5%）；按下限计算，每月单位、职工个人应缴额度都为 26.80 元（5360×0.5%）。

第58问 失业人员符合什么条件可领取失业保险金？

◆ 按照规定参加失业保险，所在单位和本人已按规定履行缴费义务满 1 年。

◆ 非因本人意愿中断就业。

◆ 已经进行失业登记，并有求职要求。

小贴士

什么是非本人意愿中断就业？

所谓非因本人意愿中断就业就是非自愿失业。按照《失业保险金申领发放办法》等有关规定，非本人原因中断就业的人员是指下列人员：

（1）终止劳动合同的。

（2）被用人单位解除劳动合同的。

（3）被用人单位开除、除名和辞退的。

（4）职工因用人单位以暴力、威胁或者非法限制人身自由的手段强迫劳动，或用人单位未按照劳动合同约定支付劳动报酬或者提供劳动条件，与用人单位解除劳动合同的。

（5）法律、行政法规另有规定的。

第 59 问　失业保险金是什么标准？

　　失业人员失业前所在单位和本人按照规定累计缴费时间满 1 年不足 5 年的，领取失业保险金的期限最长为 12 个月；累计缴费时间满 5 年不足 10 年的，领取失业保险金的期限最长为 18 个月；累计缴费时间 10 年以上的，领取失业保险金的期限最长为 24 个月。重新就业后再次失业的，缴费时间重新计算，领取失业保险金的期限可以与前次失业应领取而尚未领取的失业保险金的期限合并计算，但是最长不得超过 24 个月。

　　失业保险金的标准，按照低于当地最低工资标准、高于城市居民最低生活保障标准的水平，由各地确定。

　　以北京市为例，2021 年 8 月起执行的标准（一般每年随最低工资标准同步进行调整）如下：

缴费时长	领取期限	发放标准	其他说明
累计缴费时间满 1 年不足 2 年	最长 3 个月	2034 元／月	重新就业后，再次失业的，缴费时间重新计算。领取失业保险金的期限可以与前次失业应领取而尚未领取完的失业保险金的期限合并计算
累计缴费时间满 2 年不足 3 年	最长 6 个月		
累计缴费时间满 3 年不足 4 年	最长 9 个月		
累计缴费时间满 4 年不足 5 年	最长 12 个月		
累计缴费时间满 5 年不足 10 年	缴费每满一年增发一个月失业保险金，领取期限最长不得超过 24 个月，从第 13 个月起，失业保险金月发放标准一律按 2034 元发放	2061 元／月	
累计缴费时间满 10 年不满 15 年		2088 元／月	
累计缴费时间满 15 年不满 20 年		2115 元／月	
累计缴费时间满 20 年以上		2143 元／月	

第60问 如何领取失业保险金？

失业人员在失业期间，可凭社会保障卡或身份证到现场或通过网上申报的方式，向参保地经办失业保险业务的公共就业服务机构或者社会保险经办机构（以下简称经办机构）申领失业保险金。经办机构受理后，根据失业人员累计参保缴费时间核定其领取期限，按照申请之日当地失业保险金标准，按月发放失业保险金。经办机构认定失业人员失业状态时，应通过内部经办信息系统比对及信息共享，核实用人单位已停止为失业人员缴纳社会保险费即可确认，不得要求失业人员出具终止或者解除劳动关系证明、失业登记证明等其他证明材料。

小贴士

失业保险金网上申领渠道

（1）中国政府网 ▸ 国家政务服务平台 ▸ 就业服务专栏 ▸ 就业保障 ▸ 失业保险金申领查询

（2）国务院客户端 ▸ 疫情防控和复工复产服务专区 ▸ 复工复产服务 ▸ 失业金申领

（3）人力资源社会保障部官网 ▸ 专题专栏 ▸ 国家社会保险公共服务平台 ▸ 失业待遇申领

（4）国家社会保险服务平台 ▸ 失业保险待遇申领

（5）"掌上12333" App ▸ 服务 ▸ 社会保障 ▸ 失业金网上申领

第 *61* 问　停止领取失业保险金的情形有哪些？

（1）重新就业。

（2）应征服兵役。

（3）移居境外。

（4）享受基本养老保险待遇。

（5）被判刑收监执行或者被劳动教养。

（6）无正当理由，拒不接受当地人民政府指定的部门或者机构介绍的工作。

（7）有法律、行政法规规定的其他情形。

案例

刘女士原是一家企业的一线工人，后该企业因资不抵债而破产，她失业了。企业在破产前一直为其缴纳失业保险费，社保经办机构核定刘女士领取失业保险金的期限为 18 个月。刘女士失业半年后，街道给她安排了一份保洁工作，接着又给她介绍一份停车场保安工作，均因有失脸面被她回绝。刘女士没想到，在拒绝工作的次月，她的失业保险金被停发了。

失业人员在领取失业保险金期间，应当积极求职，接受职业介绍和培训，否则就会被认定为"没有求职要求"和不愿意就业，不再符合领取失业保险金的条件，因此停止其失业保险待遇。这里的"无正当理由拒不接受适当工作"，一般是指失业者仅凭个人好恶拒绝接受与自己的年龄特点、身体状况、受教育程度、工作能力相适应的工作。本案中，刘女士两次拒绝安排的工作，所以社保经办机构停止其失业保险待遇符合法律规定。

第 62 问 失业保险可以办理跨省转移接续吗？如何办理？

可以办理跨省转移接续。办理失业保险转移接续后，失业保险可以跨省累计计算。失业人员在多个地区参加过失业保险的，在办理转移接续后，失业保险待遇应该按照累计缴费年限确定。

失业人员跨省转移的，凭失业保险关系转出地经办机构出具的证明材料到转入地经办机构办理。

第 63 问 领取失业保险金人员需参加基本医疗保险吗？

领取失业保险金人员应按规定参加其失业前失业保险参保地的职工基本医疗保险，由参保地失业保险经办机构统一办理参保缴费手续，基本医疗保险费从失业保险基金中支付，个人不缴费。

缴费率原则上按照统筹地区的缴费率确定。缴费基数可参照统筹地区上年度职工平均工资的一定比例确定，最低比例不低于 60%。

小贴士

刑满释放后人员能否享受失业保险待遇？

按照《失业保险条例》的规定，失业人员领取失业保险金应具备的条件是：按照规定参加失业保险，所在单位和本人已按照规定履行缴费义务满1年的；非因本人意愿中断就业的；已办理失业登记，并有求职要求的。失业人员在领取失业保险金期间被判刑收监执行或者被劳动教养的，停止领取失业保险金。

根据上述规定，在职人员因被判刑收监执行或者被劳动教养，而被用人单位解除劳动合同的，可以在其刑满、假释、劳动教养期满或解除劳动教养后，申请领取失业保险金。失业保险金自办理失业登记之日起计算。失业人员在领取失业保险金期间因被判刑收监执行或者被劳动教养而停止领取失业保险金的，可以在其刑满、假释、劳动教养期满或解除劳动教养后恢复领取失业保险金。

第 **64** 问　失业人员除了领取失业保险金外，还有什么待遇？

根据《社会保险法》第四十八条和《失业保险条例》第十条规定，参加失业保险的人员失业后，除能领取失业保险金外，还有相应的医疗、丧葬抚恤、就业服务等待遇项目，具体包括：

医疗：失业人员在领取失业保险金期间，参加职工基本医疗保险，享受基本医疗保险待遇，失业人员应当缴纳的基本医疗保险费从失业保险基金中支付，个人不缴费。

丧葬抚恤：领取失业保险金期间死亡的失业人员的丧葬补助金和其供养的配偶、直系亲属的抚恤金。

就业服务：符合相关条件的，可领取职业培训补贴。

农民工一次性生活补助：单位招用的农民合同制工人连续工作满 1 年，本单位并已缴纳失业保险费，劳动合同期满未续订或者提前解除劳动合同的，由社保经办机构根据其工作时间长短，对其支付一次性生活补助。

价格临时补贴：居民消费价格指数（CPI）涨幅或 CPI 中粮食价格涨幅达到一定幅度时，对失业保险金领取人员发放价格临时补贴。

失业补助金和临时生活补助：按照党中央、国务院有关决策部署，阶段性实施失业保险保障扩围政策。对领取失业保险金期满仍未就业的失业人员、不符合领取失业保险金条件的参保失业人员，发放失业补助金；对参保不满 1 年的失业农民工，发放临时生活补助。具体实施情况详见各地操作细则。此外，除《社会保险法》和《失业保险条例》规定的相关待遇，还可享受国务院规定或者批准的与失业保险有关的其他待遇。

五 关于生育保险

第 65 问　什么是生育保险？

生育保险是国家通过立法，在怀孕和分娩的妇女劳动者暂时中断劳动时，由国家和社会提供医疗服务、生育津贴和产假的一种社会保险制度。

第 66 问　每月缴纳生育保险的水平是多少？

根据国家生育保险政策，单位每月应缴纳的生育保险，按照职工本人缴费基数与缴费比例确定，职工个人不缴费。其中：

本人缴费基数确定原则同职工基本养老保险一致，根据本人上年度月平均工资、各地公布的缴费基数上下限综合考虑确定（详见第 3 问）。

案例

缴费比例，单位一般按 0.8% 的比例缴纳。

以北京市为例，2021 年 7 月至 2022 年 6 月职工生育保险月度缴费基数上限为 28221 元、下限为 5360 元。按上限计算，每月单位应缴额度为 225.77 元（28221×0.8%）；按下限计算，每月单位应缴额度为 42.88 元（5360×0.8%）。

第67问 为什么男性也要缴纳生育保险？

生育保险是法定社会保险，用人单位为所有职工参加生育保险是法定义务。

男性职工缴纳生育保险，一方面可享受带薪陪产假，另一方面可以报销做节扎等计划生育费用。若女方没有生育保险，可以通过男性职工报销生育医疗费用。

小贴士

男职工缴纳生育保险有什么用？

以北京市为例，参加北京市生育保险的男职工可以报销计划生育的手术医疗费用，如输精管结扎术、输精管复通术等医疗费用。

第 68 问 生育保险和基本医疗保险合并实施后有哪些变化？

2019年3月，国务院办公厅印发《关于全面推进生育保险和职工基本医疗保险合并实施的意见》，要求各统筹地区加快落实，于2019年年底前实现两项保险合并实施。

两险合并实施，是按照"保留险种、保障待遇、统一管理、降低成本"的工作思路，实现两项保险参保同步登记、基金合并运行、征缴管理一致、监督管理统一、经办服务一体化。

两项保险合并实施，不涉及生育保险待遇政策的调整，生育保险待遇享受条件和标准均不变，生育保险待遇不会降低。

第 69 问 生育保险待遇有哪些？

生育保险待遇包括产假、生育医疗费用和生育津贴。其中生育医疗费用包括：生育的医疗费，计划生育的医疗费，法律、法规规定的其他项目费用。生育津贴即为产假工资，是对职工因怀孕、生育或实施计划生育手术导致劳动暂时中断给予必要的经济补偿。

第 70 问　产假有多少天？

女职工生育享受 98 天产假，其中产前可以休假 15 天；难产的，应增加产假 15 天；生育多胞胎的，每多生育 1 个婴儿，可增加产假 15 天。女职工怀孕未满 4 个月流产的，享受 15 天产假；怀孕满 4 个月流产的，享受 42 天产假。

北京市明确，按规定生育子女的夫妻，女方除享受国家规定的产假外，享受延长生育假六十日，男方享受陪产假十五日。男女双方休假期间，机关、企业事业单位、社会团体和其他组织不得将其辞退、与其解除劳动或者聘用合同，工资不得降低；法律另有规定的，从其规定。女方经所在机关、企业事业单位、社会团体和其他组织同意，可以再增加假期一至三个月。按规定生育子女的夫妻，在子女满三周岁前，每人每年各享受五个工作日的育儿假；育儿假天数按照 3 岁以下子女数量累加，每年按照子女满周岁计算。

夫妻双方经所在机关、企业事业单位、社会团体和其他组织同意，可以调整延长生育假、育儿假的假期分配。女方自愿减少延长生育假的，男方享受的陪产假可以增加相应天数；夫妻双方享受的育儿假合计不超过十个工作日。

第 71 问　休了产假，当年还可以休年假吗？

可以。职工依法享受的探亲假、婚丧假、产假等国家规定的假期以及因工伤停工留薪期间不计入年休假假期。

第 72 问　男职工是否一定享有陪产假？

国家没有制定统一的陪产假标准，每个地区的标准都有所不同。以北京市为例，配偶享受陪产假 15 天。

小贴士

男职工的陪产假能否转给配偶享受？

陪产假又名护理假，即依法登记结婚的夫妻，女方在享受产假期间，男方享受的有一定时间看护、照料对方的权利。护理假的享受对象是男方，且目前并没有"男方的陪产假可给女方用"的相关规定。所以，男方的陪产假就算不休，也不能给女方用。

男职工在陪产假期间，工资如何发放？

以北京市为例，陪产假工资并未列入生育保险待遇的范围，用人单位应当按照职工正常出勤时的工资标准全额支付。

第 73 问　女方未就业，可以通过其配偶享受生育保险待遇吗？

我国《社会保险法》中规定，用人单位为职工缴纳生育保险，职工未就业配偶按照国家规定享受生育医疗费用待遇。因此，在法律层面上，未就业女性可以通过其就业配偶享受生育保险待遇中的报销生育医疗费待遇，但无法享受生育津贴待遇。

第74问 生育保险医疗费用报销标准是什么？

女职工生育或流产后，由本人或所在企业持当地计划生育部门签发的计划生育证明，婴儿出生、死亡或流产证明等材料，到当地社会保险经办机构办理手续，领取生育津贴和报销生育医疗费。

以北京市为例，生育保险医疗费用支付标准如下：

1. 产前检查支付标准

自确定妊娠至终止妊娠，发生的产前检查费用按限额标准支付3000元。低于限额标准的按实际发生的费用支付，高于限额标准的，按限额标准支付。

2. 住院分娩定额支付标准

自然分娩的医疗费：三级医院5000元、二级医院4800元、一级医院4750元（剖宫产术后再次妊娠阴道试产且采取椎管内分娩镇痛，定额支付标准在各级医院"自然分娩"定额标准的基础上分别增加1000元）。

人工干预分娩的医疗费：三级医院5200元、二级医院5000元、一级医院4950元。

剖宫产手术的医疗费：三级医院5800元、二级医院5600元、一级医院5550元。

3. 计划生育支付标准

门诊计划生育不分医院等级，住院计划生育按医院等级执行定额支付标准。如门诊人工流产手术项目支付标准为 770 元；住院人工流产手术医疗费为三级医院 1695 元、二级医院 1575 元、一级医院 1545 元。

第 75 问 产前检查、门诊计划生育手术费用，可以持卡实时结算吗？

不能。产前检查、门诊计划生育手术的医疗费用，需要先由职工个人全额垫付，保存好相关结算单据及证明材料，由用人单位到单位参保区医疗保险经办机构申请手工报销。

职工住院分娩医疗费用及计划生育手术住院医疗费用，可以按照相关规定持卡实时结算。

> **小贴士**
>
> **在外地生育发生的医疗费用如何报销？**
>
> 以北京市为例，职工在外地县级及以上定点医疗机构，住院所发生的生育、计划生育手术的医疗费用，报销标准按照本市生育保险医疗费用支付范围及标准执行。门诊计划生育手术所发生的医疗费用，不予报销。
>
> 在本市定点医院产检，国外医院分娩，生育费用是否可以报销？产前检查费用满足申报条件的，可申请报销；国外分娩的住院医疗费用不予报销。

第76问　生育津贴的领取条件是什么？

职工享受生育津贴，需具有下列情形之一的：女职工生育享受产假；享受计划生育手术休假；法律、法规规定的其他情形。

北京市为贯彻落实《社会保险法》，细化了领取生育津贴的条件，参保职工分娩前（含分娩月）生育保险连续缴费满9个月的，其生育津贴由生育保险支付；分娩前连续缴费不足9个月的，其生育津贴由用人单位支付；分娩前连续缴费不足9个月，分娩之月后（含分娩月）连续缴费满12个月的，职工的生育津贴由生育保险予以补支。

小贴士

怎么领取生育津贴？由单位还是个人去领取？需要提交哪些材料？

以北京市为例，生育津贴由职工所在单位发起申领，单位将申报材料报送至参保缴费区医疗保险经办机构进行办理。参保单位申领职工生育津贴所需材料如下：

1. "分娩人员"领取生育津贴所需材料

（1）登录"北京市医疗保障局官网"，在网站首页的"常用下载"模块，下载、填写并打印《北京市申领生育津贴人员信息登记表》，一式2份。

（2）定点医院出具的《医学诊断证明书》原件、复印件。

（3）不在本市长期居住的外埠户籍职工，提供户籍所在地街道（乡镇）以上计划生育行政部门出具的"生育证明"及夫妻双方单位出具的《婚姻生育情况证明》（一年内有效）。

2."引、流产人员"领取生育津贴所需材料

（1）登录"北京市医疗保障局官网"，在网站首页的"常用下载"模块，下载、填写并打印《北京市申领生育津贴人员信息登记表》，一式 2 份。

（2）定点医院出具的《医学诊断证明书》原件、复印件。

（3）职工结婚证原件、复印件。

第 77 问 生育津贴的发放标准是如何计算的？

生育津贴按照职工所在用人单位上年度职工月平均工资的标准进行支付；如果没有参加生育保险，生育津贴由用人单位按照女职工产假前工资的标准进行支付。

以北京市为例，参加本市生育保险的职工，因生育或计划生育享受产假的，产假期间可享受生育津贴。生育津贴按照职工所在用人单位月缴费平均工资除以 30 天再乘以产假天数计发，生育津贴 ＝ 用人单位月缴费平均工资 ÷30 天 × 产假天数。

如果本人工资低于生育津贴的，则应当享受生育津贴，用人单位不能克扣；如果本人工资高于生育津贴的，职工在享受生育津贴后，用人单位补足工资与生育津贴之间的差额。

小贴士

申领职工什么时候能收到生育津贴？

根据单位办理申领时选择的发放渠道相应确定。选择用人单位发放的，单位于申领次月中下旬收到生育津贴款项，单位收到款项后应及时支付给申领职工本人；选择银行代发的，生育津贴款项于申领次月 15 日发放到申领职工个人账户。

职工申领的生育津贴需要交税吗？

不需要。参保职工申领的生育津贴、生育医疗费或其他属于生育保险性质的津贴、补贴，免征个人所得税。

第 78 问 怀孕期间，女职工换工作单位了，影响生育津贴领取及生育费用报销吗？

女职工怀孕期间更换工作单位，满足生育津贴领取条件的，不影响生育津贴待遇申领；参保缴费正常的，不影响生育医疗费用报销。

第 79 问 生育二胎、三胎如何享受生育保险待遇？

二胎、三胎费用纳入生育保险待遇支付范围，享受与一胎一样的生育医疗费用和生育津贴待遇。

六 关于住房公积金

第80问 什么是住房公积金？

住房公积金是指国家机关、国有企业、城镇集体企业、外商投资企业、城镇私营企业及其他城镇企业、事业单位、民办非企业单位、社会团体及其在职职工缴存的长期住房储金。

第81问 住房公积金是强制缴纳吗？

根据《住房公积金管理条例》有关规定，单位录用职工的，应当自录用之日起30日内到住房公积金管理中心办理缴存登记。

第 *82* 问 每月缴纳住房公积金的水平是多少？

根据国家住房公积金政策，单位和职工每月应缴纳的住房公积金，按照职工本人缴费基数与缴费比例确定，其中：

本人缴费基数确定原则同职工基本养老保险一致，根据本人上年度月平均工资、各地公布的缴费基数上下限综合考虑确定（详见第3问）。

> **案例**
>
> 缴费比例，单位和职工个人均为不低于5%，不高于12%。单位可根据自身经济情况在规定范围内自主确定具体缴存比例。
>
> 以北京市为例，2021年度缴费基数上限为28221元、下限为2320元。按12%缴费比例计算，2021年7月—2022年6月，每月单位及职工个人缴纳额度上限均为3387元（28221×12%）、下限均为278元（2320×12%）。

第 *83* 问 什么是住房公积金个人账户？

住房公积金个人账户是住房公积金委托银行为缴存住房公积金的职工建立的个人账户，主要用于住房公积金存储。

第 **84** 问 · 新入职的职工何时缴纳住房公积金？

根据《住房公积金管理条例》有关规定，新参加工作的职工从参加工作的第二个月开始缴存住房公积金，月缴存额为职工本人当月工资乘以职工住房公积金缴存比例。新调入的职工从调入单位发放工资之日起缴存住房公积金，月缴存额为职工本人当月缴费工资乘以职工住房公积金缴存比例。

第 **85** 问 · 职工到异地工作，住房公积金如何转移？

职工到异地新单位建缴住房公积金的，可以申请办理住房公积金转移手续。按照异地住房公积金管理中心要求准备材料并由异地住房公积金管理中心提出转移申请，原住房公积金管理中心审核同意后，办理转移相关手续。

小贴士

住房公积金异地转移接续手续如何在线办理？

住建部最近推出的"全国住房公积金小程序"，已经在国务院客户端微信、支付宝小程序上线。职工登录后按照操作要求进行业务办理。

除了异地转移接续业务办理外，"全国住房公积金小程序"还有其他两项功能，一是住房公积金缴存、提取、贷款信息查询；二是通过小程序，可直接进入全国各城市住房公积金管理中心线上服务渠道。

第 **86** 问 职工在什么情况下可以提取住房公积金？

（1） 购买、建造、翻建、大修自住住房。

（2） 离休、退休。

（3） 完全丧失劳动能力，并与单位终止劳动关系。

（4） 出境定居。

（5） 偿还自住住房贷款本息。

（6） 房租支出超出家庭工资收入 5%。

（7） 生活困难，正在领取城镇最低生活保障金。

（8） 遇到突发事件，造成家庭生活严重困难。

（9） 进城务工人员，与单位解除劳动关系。

（10）在职期间被判处死刑、无期徒刑，或者有期徒刑刑期期满时达到国家法定退休年龄。

（11）死亡或者被宣告死亡。

（12）其他情形。

符合（1）和（5）~（8）情形的，配偶可同时提取本人的住房公积金；符合（2）~（4）和（9）~（11）情形的，职工本人可以销户提取。

小贴士

北京地区为了进一步加大租房消费支持力度，符合以下条件的租房职工也可提取住房公积金：

职工家庭在北京市行政区域内无自有住房，通过北京市住房租赁监管服务平台登记备案租房的，可以按季以租金实际发生额为限提取住房公积金。

中央国家机关派驻贫困地区参加脱贫攻坚工作的人员，可提取住房公积金账户余额用于支付扶贫地房租。

在北京市行政区域内无自有住房的新就业大学生，可在入职三年内提取住房公积金账户余额用于支付房租。

在北京市行政区域内无自有住房的职工家庭生育二孩的，可在二孩出生后三年内提取住房公积金账户余额用于支付房租。

第87问　员工如何办理自购住房公积金提取？

员工办理自购住房公积金提取，可按照所在地住房公积金管理部门要求办理相关手续。

以中央国家机关住房资金管理中心为例，主购房人购买北京商品住房首次提取住房公积金可通过以下渠道办理：

官网	（1）打开中央国家机关分中心官网（http://www.zzz.gov.cn）。 （2）注册登录后点击左侧菜单中"提取"项，进入提取界面，按页面提示填写相关信息，确认无误后提交。 （3）一般 3 个工作日后，登录官网进入提取界面查看材料审核结果。审核通过，即可办理提取
柜台	携带相关材料前往住房公积金经办网点窗口办理

续表

微信公众号	（1）关注"中央国家机关住房资金管理中心"微信公众号。 （2）完成个人住房公积金账户注册，并将其与微信账号进行账户关联。点击公众号服务页面"业务办理"，点击进入"提取业务"，按页面提示填写相关信息，确认无误后提交。 （3）一般3个工作日后，登录微信公众号进入提取界面查看材料审核结果。审核通过，即可办理提取

第88问 职工租房如何提取住房公积金？

职工租房办理住房公积金提取，按照所在地住房公积金管理部门要求办理相关手续。

以中央国家机关住房资金管理中心为例，办理租房提取，可由单位住房公积金经办人前往网点柜台办理。职工家庭在北京市行政区域内无自有住房且租住普通商品房的，也可由职工本人通过资金中心网站或微信公众号申请首次提取住房公积金。申请一年内有效，提取满一年继续提取的，需重新提出申请。

第 89 问　职工办理住房公积金贷款需要什么条件？

缴存住房公积金的职工，在购买、建造、翻建、大修自住住房时，可以向住房公积金管理中心申请住房公积金贷款。

以中央国家机关住房资金管理中心为例，申请住房公积金贷款，应同时满足以下条件：

（1）借款申请人原则上建立住房公积金账户满 6 个月，申请贷款前 6 个月应足额连续缴存，且申请贷款时处于缴存状态。

（2）申请贷款时，借款申请人及配偶均无未还清的住房公积金贷款（含贴息贷款）。

（3）符合中央国家机关住房资金管理中心规定的其他条件。

小贴士

中央国家机关住房资金管理中心规定住房公积金贷款年限是多少？

住房公积金个人贷款的年限为 1~25 年，贷款期限最长可以计算到借款申请人 65 周岁（即不超过 65 周岁）。存量房的贷款期限还应同时满足不少于房屋剩余使用年限 3 年（含）以上。住房公积金贷款可自行选择满足资质要求的商业银行办理，相关要求及流程可参照贷款银行有关规定。

第 **90** 问 住房公积金贷款利率是多少？

住房公积金贷款利率一般比商业贷款利率低。以中央国家机关住房资金管理中心为例，贷款利率如下表所示：

住房公积金贷款		商业贷款	
期限	利率	期限	利率
1~5 年（含 5 年）	2.75%	1~5 年（含 5 年）	4.75%
5~30 年（含 30 年）	3.25%	5 年以上	4.90%

第 **91** 问 住房公积金贷款的最高额度是多少？

一般而言，账户余额越多，月缴存额越多，缴存基数越高，负债越少，贷款人越年轻，获批的贷款额度会越高。

以中央国家机关住房公积金管理中心为例，借款申请人购买首套自住住房的贷款最高额度为 120 万元，购买第二套住房的，贷款最高额度为 60 万元。住房公积金个人贷款具体额度以住房公积金个人账户余额为基础，结合还款能力、缴存时间、配偶缴存情况、个人征信情况，以及存贷比调节系数等因素综合确定。借款申请人及其配偶在申请贷款前 2 年内，其他贷款（不含助学贷款）逾期连续达到 3~5 期的，其贷款最高额度在北京住房公积金管理委员会公布的贷款最高额度基础上下调 20%。即首套住房的贷款最高额度为 96 万元，二套住房的贷款最高额度 48 万元。

第 *92* 问 住房公积金账户有利息吗?

住房公积金自存入职工住房公积金账户之日起按照国家规定的利率计息。

以中央国家机关住房公积金管理中心为例，住房公积金账户每年结息一次，结息日为 6 月 30 日，存款利率按一年期定期存款基准利率（现行是 2.25%）执行。

企业补充保险篇

关于企业补充医疗保险

第93问 什么是企业补充医疗保险？

企业补充医疗保险是指企业按规定自主建立，用于对参保职工社会保险统筹支付以外由职工个人负担的医药费用进行适当补助，以减轻职工医药费负担，是公司职工医疗保障体系的重要组成部分。

按规定参加各项社会保险，并按时足额缴纳各项社会保险费的单位，在履行民主决策等程序后，可建立企业补充医疗保险制度。

职工参加企业补充医疗保险不需要个人缴纳任何费用，企业补充医疗保险资金按不超过本单位职工工资总额的5%计提。

第94问 企业补充医疗保险能报销哪些医疗费用？

主要包括基本医疗保险政策范围内和范围外的医疗费用。职工发生门（急）诊、住院、日常购药等医疗费用后，经基本医疗保险、大病保险等社会统筹基金报销后，由个人负担部分可在企业补充医疗保险中报销。

基本医疗保险政策范围内费用：在基本医疗保险定点医疗机构、定点零售药店发生的符合参保地医疗保险报销范围的医疗费用，经社会保险统筹基金支付后，应由个人负担的医疗费用。

基本医疗保险政策范围外费用：不符合参保地医疗保险报销范围，由个人负担的医疗费用。

第 95 问 企业补充医疗保险不能报销哪些医疗费用？

（1）职工发生应由基本医疗保险、生育保险、工伤保险等社会保险基金承担的医疗费用。

（2）职工出国、赴港澳台地区期间发生的医疗费用。

（3）职工因故意自伤、打架斗殴、犯罪拒捕、服用吸食或注射毒品、酗酒、酒驾等行为所致伤残或死亡发生的医疗费用。

（4）职工因交通事故、医疗事故等原因发生的应由第三方支付的医疗费用。

（5）其他不符合本单位企业补充医疗保险制度支付范围的费用。

第 96 问　公司企业补充医疗保险"三享计划"是什么？

- ◆ 普享计划是用于报销职工本人发生的，在基本医疗保险政策范围内，扣除社会统筹基金支付后，由个人负担的医疗费用。

- ◆ 特享计划是用于报销职工因罹患重大疾病发生的，在基本医疗保险政策范围内和范围外，扣除普享计划支付后，由个人负担的医疗费用。

- ◆ 溢享计划是用于报销职工本人发生的，扣除普享、特享计划支付后，由个人负担的医疗费用。

以 A 单位职工张某为例，该职工在公司工作 25 年，2020 年因患重病住院，花费了 12000 元医疗费用，其中基本医疗保险政策范围内费用 10000 元，范围外费用 2000 元。属地基本医疗保险报销 7000 元，个人负担 5000 元（范围内 3000 元，范围外 2000 元）。

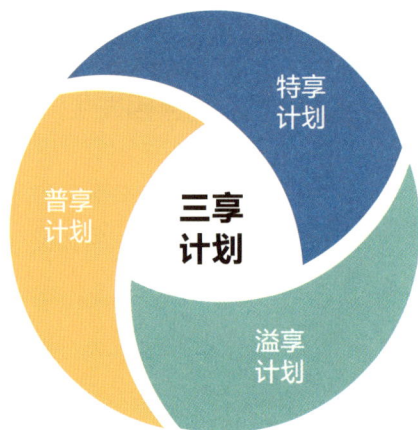

A 单位企业补充医疗保险"三享计划"待遇如下表所示：

衔接基本医疗保险	基本医疗保险政策范围内（住院）				基本医疗保险政策范围外（住院）			
工作年限	10 年及以下	11~20 年	21 年及以上	支付限额	10 年及以下	11~20 年	21 年及以上	支付限额
普享计划	50%	55%	60%	1000 元		—		
特享计划	55%	65%	70%	1200 元	50%	55%	60%	1000 元
溢享计划	40%	45%	50%	500 元	35%	40%	45%	300 元

普享计划：报销基本医疗保险政策范围内费用，适用 60% 报销比例，即 3000x60%=1800，因普享计划支付限额为 1000 元，超限额则按限额报销 1000 元。报销后剩余基本医疗保险政策范围内费用 2000 元和范围外费用 2000 元。

特享计划：因属于重病住院，可享受该计划。基本医疗保险政策范围内适用 70% 报销比例，即 2000x70%=1400 元，因特享计划基本医疗保险政策范围内支付限额 1200 元，超限额则按限额报销 1200 元；基本医疗保险政策范围外适用 60% 报销比例，即 2000x60%=1200 元，因特享计划基本医疗保险政策范围外支付限额 1000 元，超限额则按限额报销 1000 元。报销后剩余基本医疗保险政策范围内费用 800 元和范围外费用 1000 元。

溢享计划：基本医疗保险政策范围内适用 50% 报销比例，即 800x50%=400 元，溢享计划基本医疗保险政策范围内支付限额 500 元，未超限额则报销 400 元；基本医疗保险政策范围外适用 45% 报销比例，即 1000x45%=450 元，溢享计划基本医疗保险政策范围外支付限额 300 元，超限额则按限额报销 300 元。

普享、特享、溢享计划合计报销基本医疗保险政策范围内费用 2600 元和范围外费用 1300 元，共计 3900 元。报销后剩余基本医疗保险政策范围内费用 400 元和范围外费用 700 元，个人共计负担 1100 元。

第 *97* 问 企业补充医疗保险报销方式和流程是什么？

采用现场报销方式的，具体流程包括：

（1）收取资料。服务人员现场初审职工提交的医疗费用报销资料，与职工进行现场凭证交割。

（2）资料审核。专业人员对现场收取的报销资料进行复审。

（3）报销理算和结果审核。按照本单位企业补充医疗保险管理制度理算报销金额，按程序开展审核。

（4）报销支付。理算结果审核通过的，统一支付给职工。

第 98 问 企业补充医疗保险报销需要什么材料？

1. 门诊医疗报销所需资料一般包括：

◆ 医疗门诊发票（附医疗费用明细清单）。

◆ 企业补充医疗保险报销申请书。

2. 住院医疗报销所需资料一般包括：

◆ 住院发票原件和住院结算单原件。

◆ 住院费用明细清单原件。

◆ 出院诊断书、出院小结等出院记录材料原件。

◆ 住院病历（盖章件）。

◆ 企业补充医疗保险报销申请书。

◆ 报销所需具体资料根据本单位企业补充医疗保险制度规定确定。

第 **99** 问　企业补充医疗保险对罹患重大疾病的职工有什么特别保障？

为减轻罹患重大疾病职工医疗费用负担，各单位必须建立企业补充医疗保险特享计划，进一步提高罹患重大疾病职工医疗费用报销比例和报销限额。

以 A 单位职工张某为例，若未因重大疾病住院，则仅享受普享和溢享计划保障，同样的医疗费用，能报销基本医疗保险政策范围内费用 1500 元和范围外费用 300 元，共计 1800 元。张某因患重病住院，优先享受特享计划保障，可多报销 2100 元。

第 **100** 问　重大疾病怎么认定？

重大疾病种类可参照商业保险重大疾病目录（见下表）确定，疾病鉴定标准在商业保险鉴定标准基础上，可适度放宽准入门槛。重大疾病人员认定可依据统筹地区基本医疗保险重大疾病人员鉴定结果，也可结合统筹地区基本医疗保险及保险行业有关规定，自行组织评审鉴定，为更多患重大疾病职工提供医疗保障。

序号	病种名称	序号	病种名称
1	恶性肿瘤	16	心脏瓣膜手术
2	急性心肌梗塞	17	严重阿尔茨海默病
3	脑中风后遗症	18	严重脑损伤
4	重大器官移植术或造血干细胞移植术	19	严重帕金森病
5	冠状动脉搭桥术	20	严重Ⅲ度烧伤
6	终末期肾病（或称慢性肾功能衰竭尿毒症期）	21	严重原发性肺动脉高压
7	多个肢体缺失	22	严重运动神经元病
8	急性或亚急性重症肝炎	23	语言能力丧失
9	良性脑肿瘤	24	重型再生障碍性贫血
10	慢性肝功能衰竭失代偿期	25	主动脉手术
11	脑炎后遗症或脑膜炎后遗症	26	严重的多发性硬化
12	深度昏迷	27	严重的Ⅰ型糖尿病
13	双耳失聪	28	侵蚀性葡萄胎（或称恶性葡萄胎）
14	双目失明	29	系统性红斑狼疮并发重度的肾功能损害
15	瘫痪	30	严重的原发性心肌病

第 101 问　职工跨单位调动，企业补充医疗保险需要转移吗？

企业补充医疗保险不能建立个人账户，职工按所在单位参加和享受企业补充医疗保险，跨单位调动时从原单位退保、在新单位参保，不需要转移接续。职工在统筹单位（一般为省公司级单位）范围内跨单位调动时，保障待遇不变；跨统筹单位调动时，享受新调入单位企业补充医疗保险待遇。

第 102 问　企业补充医疗保险为职工在就医、购药等方面提供哪些便捷服务？

公司充分发挥集团集约管理规模优势，在就医方面，可提供就诊咨询、健康知识讲座、就医便捷服务；在购药方面，可提供定点医疗机构就医、常用药及慢性病用药网上购药等服务。

二 关于企业年金

第 103 问 什么是企业年金？

企业年金是企业及其职工在依法参加基本养老保险的基础上，自主建立的补充养老保险制度。企业年金所需费用由单位和职工个人共同缴纳，按照国家有关规定投资运营，计入个人账户。职工退休或符合相应领取条件时领取待遇。

第 104 问 单位建立企业年金需具备什么条件？

公司各单位符合下列条件的，可以建立企业年金：

（1） 依法参加职工基本养老保险并履行缴费义务。

（2） 能够完成年度经营业绩考核指标，具有持续的年金支付能力，人工成本承受能力较强。

（3） 基础管理规范，民主制度健全，已建立集体协商机制。

第 105 问　职工参加企业年金需符合什么条件？

- ◆ 与本单位订立劳动合同并试用期满。
- ◆ 依法参加企业职工基本养老保险并履行缴费义务。
- ◆ 本单位规定的其他条件。

第 106 问　什么是企业年金实施方案？

　　企业年金实施方案是本单位经集体协商，在国家和公司相关制度规定的基础上，根据本单位管理实际确定的管理细则。公司各单位在公司统一的企业年金基本制度框架下制订本单位实施方案，在方案中明确参加人员范围、资金筹集方式、账户管理方式、基金管理方式、待遇计发和支付方式等具体事宜。

　　公司各单位在公司统一的企业年金基本制度框架下制订实施方案，应当履行以下程序：

（1）依据公司办法和单位自身实际情况，研究制订本单位企业年金实施方案，提交职工大会或职工代表大会讨论通过。

（2）经公司审核同意并报属地人社部门备案后组织实施。

第107问 企业年金单位和个人缴费标准是什么？

单位缴费标准根据职工的岗位责任、工作年限、考核结果等因素综合确定，适当向关键岗位、核心骨干和各级各类人才倾斜，具体分配规则由各单位根据实际情况确定。年度单位缴费总额不超过本单位职工工资总额的8%。职工个人缴费不低于单位为其缴费的四分之一，由单位从职工个人工资中代扣代缴。

第108问 什么是企业年金个人账户？

单位为每一个参加企业年金的职工开立企业年金个人账户，职工个人缴费及其投资收益全部归属职工个人；单位缴费及其投资收益，随着职工在国网系统工作年限的增加逐步归属于职工个人，工作满8年后单位缴费完全归属于职工个人，具体规则在本单位实施方案中明确。

案例

职工在国网系统内单位调动时，工作年限累积计算。

例1：职工王某，由国网A公司调入国网B公司，在两个单位工作年限合计满8年，其企业年金个人账户中单位缴费、个人缴费及投资收益完全归属职工本人。

例2：职工张某，毕业后进入国网A公司就职，工作2年后辞职，其企业年金个人账户中的个人缴费及投资收益完全归属职工个人，但企业缴费及投资收益的全部或一部分需要收回，收回的具体比例在A公司企业年金实施方案中明确。

第 *109* 问　如何查询企业年金个人账户？

职工可以通过本单位企业年金账户管理机构提供的渠道，查询本人的企业年金缴费、收益、资产等个人账户信息。查询渠道一般为网上查询、电话查询、多媒体自助终端查询等，还有部分账户管理机构开发了手机 App 查询渠道，职工通过手机也能查询自己的年金情况。

小贴士

账户管理机构指受委托管理企业年金基金账户的专业机构，一般为商业银行。具体查询渠道可咨询本单位人资社保部门获得。

第 *110* 问　职工在系统内调动时个人账户如何处理？

职工在同一单位年金计划内不同下级单位之间调动时，个人账户不需要转移；职工在不同单位年金计划间调动时，个人账户应随之转移。由调入单位向调出单位发函联系并提供相关信息，调出单位将职工个人账户资金转出后，应及时向调入单位反馈转移报告，调入单位根据转移报告将资金及时转入职工个人账户，形成闭环。

第 *111* 问　职工离职时个人账户如何处理？

职工与本单位终止、解除劳动合同的，其个人账户应随之转移。新就业单位已建立企业年金或者职业年金的，其个人账户权益应当转入新就业单位的企业年金计划或者职业年金计划管理；未就业、新就业单位没有建立企业年金或者职业年金的，其个人账户转为保留账户。保留账户的账户管理费从个人账户中扣除。

小贴士

　　职业年金是指机关事业单位为本单位职工建立的补充养老保险制度。

第 *112* 问　什么情况下可领取企业年金待遇？

企业年金作为补充养老保险，用于保障职工退休后收入，不能提前支取。根据国家有关规定，符合下列条件之一的，可以领取企业年金待遇：

◆ 达到国家规定的退休年龄。

◆ 经劳动能力鉴定委员会鉴定，因病（残）完全丧失劳动能力。

◆ 出国（境）定居。

◆ 退休前身故。

第 113 问　个人出境定居时如何领取年金待遇？

个人出境定居时，根据本单位有关规定，向人资、社保等主管部门提交领取年金待遇的申请并提交相关证明资料。对个人因出境定居而一次性领取的年金个人账户资金，允许领取人将一次性领取的年金个人账户资金或余额按 12 个月分摊到各月，就其每月分摊额，按规定计算缴纳个人所得税。

第 114 问　职工身故时如何领取企业年金待遇？

职工身故的，由其指定的受益人或法定继承人一次性领取年金个人账户余额，允许领取人将一次性领取的年金个人账户资金或余额按 12 个月分摊到各月，就其每月分摊额，按规定计算缴纳个人所得税。

第 115 问　企业年金缴费的个人所得税如何处理？

根据国家有关规定，2013 年年底以前，企业年金已在缴费时缴纳个人所得税。2014 年及以后，年金缴费实行个税递延政策（单位缴费全额，以及个人缴费符合规定部分在缴费计入个人账户时暂不纳税，待领取待遇时再行缴纳个人所得税）。

第 *116* 问 什么是企业年金基金？

企业年金基金，是指由单位缴费、职工个人缴费及投资运营收益组成的企业补充养老保险基金。

第 *117* 问 年金基金投资运营收益分配计入个人账户时，是否缴纳个人所得税？

年金基金投资运营收益分配计入个人账户时，个人暂不缴纳个人所得税。

第 *118* 问 企业年金基金如何运营管理？

根据国家有关政策，公司制定企业年金方案，出台管理制度。公司各单位按照公司统一要求，分级负责企业年金运营，实行市场化投资运营。各单位委托专业的管理机构按照安全和保值增值的原则进行投资运营，投资收益扣除依法收取的管理费后全部计入职工个人账户。

第 **119** 问 **企业年金基金财产的投资范围是什么?**

根据国家政策和公司有关规定，企业年金基金财产主要投资于三类资产：流动类资产、固定收益类资产、权益类资产。投资市场范围限于境内投资和香港市场投资。流动类资产主要满足年金待遇支付需求；固定收益类资产投资收益相对可控，是年金投资的"安全垫"；权益类资产收益和风险并存，各单位结合风险偏好在法规范围内设置权益类资产投资上限，保障资金稳健增值。

小贴士

企业年金投资产品分类及主要品种

流动类	活期存款、货币基金、货币型养老金产品等
固定收益类	一年期以上定期存款、债券、信托计划、债权投资计划、固定收益类养老金产品等
权益类	股票、股票基金、股票型养老金产品等

福利待遇篇

第 *120* 问　公司职工可以享受的企业福利有哪几类？

企业福利是国家多层次社会保障体系的组成部分。福利项目依据政策特点和适用对象不同，主要分为公共政策类、职业支持类、家庭关爱类、特殊保障类四种类型。

（1） 公共政策类福利项目以社会整体利益优化为目标，衔接国家民生保障制度，执行属地政策规定，包括防暑降温费、供暖费补贴、女职工卫生费等。

（2） 职业支持类福利项目用于改善职业环境，保障职工健康，促进劳动效率提升，包括食堂经费、福利机构经费、职工体检费、职工疗养费等。

（3） 家庭关爱类福利项目用于缓解职工家庭负担，给予职工家庭适当帮助和支持，保障职工更好投入工作，包括职工供养直系亲属医疗补助、职工困难补助、职工探亲假路费、职工异地安家费等。

（4） 特殊保障类福利项目用于接续特殊人员或特定事项而设立，包括离退休人员统筹外费用等。

第 *121* 问　企业福利项目的标准如何确定和管理？

根据福利项目政策特点，福利项目标准分为政府标准、公司级标准和省公司级标准。

（1） 政府标准。国家有明确政策规定或国家明确由地方政府制定政策规定。

主要适用于防暑降温费、供暖费补贴、女职工卫生费等项目。

（2）公司级标准。由公司统一管理的项目，依据公司规定制定公司级标准，主要适用于探亲假路费等。

（3）省公司级标准。国家有政策或公司有规定，但无具体执行标准的职业支持、家庭关爱类福利项目，由各单位统一制定省公司级标准，主要适用于食堂经费、职工体检费、职工疗养费、职工困难补助、职工供养直系亲属医疗补助等。

第 *122* 问 职工如何享受防暑降温费？

防暑降温费是依据属地政策规定和标准，企业在规定的高温天气期间向职工发放的防暑降温费用，不包括按照政策规定计入工资的高温津贴和购置防暑降温用品的支出。

第 *123* 问 职工如何享受供暖费？

供暖费补贴是依据属地政策规定和标准，在冬季集中供暖地区，由企业承担的职工住宅供暖费用。以北京市为例，按照行政级别、专业技术等级、技能等级、采暖方式、补贴面积确定补贴标准，采暖方式分为自采暖、燃煤锅炉供应、燃油燃气电锅炉供应等，补贴面积从 60~120 平方米不等，补贴标准 1800~3600 元 / 年不等。

第 *124* 问　女职工如何享受卫生费？

女职工卫生费是依据属地政策规定和标准，女职工每月可享受一定金额的卫生用品或护理用品费用。目前山西、河北、河南、湖南、江西、宁夏等省出台了标准明确的女职工卫生费规定。例如江西省规定用人单位应当对在职女职工按照每人每月不低于 30 元的标准发放经期护理费或者护理用品，河南省规定用人单位应当为在职女职工每人每月发放不低于 35 元的卫生费。

第 *125* 问　职工如何享受食堂经费？

食堂经费是指各单位通过自办职工食堂，或未办职工食堂但统一供应工作餐方式，为职工提供工作餐，改善职工生产生活条件。

◆ 自办职工食堂的，食堂经费主要用于采购主副食材、食物成品和半成品、水电燃气费等。

◆ 未办职工食堂但统一供应工作餐的，各单位按照规范的采购程序，选择具备国家认可餐饮服务资质的专业服务机构，为职工提供工作餐保障。

小贴士

食堂经费不能直接或变相以货币形式发放，不能列支自办职工食堂的设备设施购置费、折旧及维修费、场地租赁费、物业费、人工费等费用。

第 *126* 问　福利机构经费如何使用？

　　福利机构一般指属于本企业资产的职工食堂、集体宿舍等。福利机构经费是指用于为改善职业环境而设立的职工食堂、集体宿舍等集体福利设备设施的零星维修和折旧支出。

第 *127* 问　职工可以享受哪些类型的体检？

　　职工体检一般分为常规型体检、专属型体检和奖励型体检。

- 常规型体检适用于全体职工，主要安排基本体检项目，以及与职工年龄、地域特点、性别等相适应的差异化体检项目，一般包括身高、体重、血常规、尿常规、血压、血脂、肝功能、甲状腺、胸片等常规项目，以及女职工专项体检项目。

- 专属型体检适用于从事特殊岗位或在特殊条件下作业的职工，针对性设置预防相关职业健康损害的体检项目。

- 奖励型体检适用于核心骨干人才、突出贡献职工，可在常规型体检项目基础上适当增设其他体检项目。

第 128 问　哪些职工可参加疗养？

◆ 为促进职工身心健康，各单位可为职工设立疗养项目。一般来说，公司在岗职工均有机会参加疗养；不在岗人员、新职工入职未定岗前不安排疗养；受到警告、记过、记大过、降职（降级）、撤职、留用察看等处分的，一个疗养周期内不安排疗养。

◆ 疗养一般分为常规型疗养和奖励型疗养。常规型疗养优先安排从事有毒有害等特殊工种和苦脏累险工作的一线职工参加。奖励型疗养优先安排核心骨干人才、突出贡献职工参加。

第 129 问　职工疗养的标准是怎样的？

疗养标准包括疗养周期、疗养天数和费用标准，由各单位按照常规型疗养和奖励型疗养分类设定。常规型疗养的周期不低于 2 年，每个周期内累计疗养天数不超过 10 天（含双休日、法定节假日），职工疗养天数可不占年休假天数。

第 130 问　职工疗养费主要包括哪些费用？有什么纪律要求？

职工疗养费主要包括疗养往返交通、住宿等疗养期间发生的费用。不能以疗养为名组织职工旅游，不能安排职工出国（境）疗养，不能报销旅游、娱乐等票据。

第 *131* 问 职工供养直系亲属医疗补助的享受范围和补助方式是什么？

- ◆ 职工供养直系亲属指无其他经济收入，依靠职工提供主要生活来源，一般为职工未成年子女和无固定收入来源的父母。

- ◆ 职工供养直系亲属资格由职工提出申请，经所在单位审核后认定，并定期组织核查。

- ◆ 职工供养直系亲属医疗补助衔接国家基本医疗保险和医疗救助政策，采用费用报销方式，报销费用不得超过公司规定的范围和比例。医疗费用票据应为定点医疗机构开具的门诊（急诊）、住院医疗费专用票据。

第 *132* 问 职工什么情况下可以申请困难补助？

当职工遭遇自然灾害、突发事件（包括突发公共卫生事件）、意外伤害、重大疾病等因素导致基本生活暂时陷入困境时，可向单位申请困难补助。

困难补助由职工提出申请，提供有关证件和证明材料，经所在单位审核、公示后，按困难等级予以发放。

第 **133** 问　哪些职工可以报销探亲假路费以及如何报销？

按照国家探亲假管理规定，工作满一年的职工，夫妻两地分居，或与父母异地分居，不能利用公休假日团聚者，可享受国（境）内探亲假。

探亲假路费参照公司出差人员乘坐交通工具标准，已婚职工探望配偶和未婚职工探望父母的往返交通费，一年报销一次；已婚职工探望父母的往返交通费，四年报销一次。

第 **134** 问　社会保险统筹基金支付的职工丧葬补助金和抚恤金是什么？

丧葬补助金是依据属地政策规定和标准，支付在职或退休参保人员（以下简称参保人员）因病或非因工死亡的补助；抚恤金指依据属地政策规定和标准，支付参保人员因病或非因工死亡后供养直系亲属的费用。

以北京市为例，丧葬补助金标准为参保人员死亡时本市上一年度城镇居民月人均可支配收入的 2 倍。抚恤金标准为参保人员死亡时本市上一年度城镇居民月人均可支配收入的 3~24 倍，其中缴费年限不满 5 年为 3 倍，缴费年限 30 年（含）以上的为 24 倍。按照北京市 2020 年城镇居民月人均可支配收入 6300 元计算，丧葬补助金标准为 12600 元，抚恤金标准为 18900~151200 元。

退休人员待遇篇

第 *135* 问　职工退休后可以享受哪些社保待遇？

▶▶▶

为保障职工退休生活，实现职工"老有所养""病有所医""住有所居"，按照国家和属地人社局、医保局、住房公积金中心等有关部门规定，退休职工可享受以下待遇：

养老金
就是通常所说的退休工资，职工到达法定退休年龄，并由地方人社部门办理了待遇核准手续后，自次月起按月发放。

基本医疗保险
职工退休后符合当地基本医疗保险政策的，仍继续享受基本医疗待遇，不再缴纳基本医疗保险费。

住房公积金
职工退休时可一次性全额领取住房公积金账户余额。

企业年金
建立企业年金的企业职工，在退休时根据个人意愿，一次性或分期领取企业年金个人账户金额。

企业补充医疗保险
根据国家有关规定，建立企业补充医疗保险制度的单位职工，退休后按照本单位规定可享受企业补充医疗保险相关待遇（个人不需要缴费）。

第 **136** 问 职工个人养老金受哪些因素影响？

基本养老保险实行社会统筹与个人账户相结合，基本养老保险基金由用人单位和个人缴费以及政府补贴等组成。

职工基本养老金与个人缴费基数、参加工作年限、上年退休所在地社平工资、个人账户储存额呈正相关，与职称、身份、行政职务、文化程度、用工形式因素无关。通常是缴费年限越长，缴费工资基数越高，个人领取的养老金越多。其中，个人账户记账利率不得低于银行定期存款利率，免征利息税。个人死亡的，个人账户余额可以继承。

第 **137** 问 职工退休后何时开始发放养老金？

职工到达法定退休年龄，并由地方人社部门办理了待遇核准手续后，自次月起，养老金会按月发放到职工个人银行卡。

考虑到计算养老金的相关数据（上年度社会平均工资、养老保险记账利率等）公布较晚，地方人社部门会暂以上上年度相关数据计算并预发养老金，后期公布数据后，会重新计算养老金并补发差额。

> **案例**　某职工出生日期在 4 月，于 2021 年 4 月达到法定退休年龄，4 月照常领取在职工资。自 5 月起领取养老金（暂按 2019 年社会平均工资计算），待 2020 年社会平均工资、记账利率公布（约在 9~10 月）后，地方人社部门重新核算应发养老金数额，并自 5 月起补发差额。

第 *138* 问　如何测算个人的养老金水平？

《国务院关于建立统一的企业职工基本养老保险制度的决定》（国发〔1997〕26 号）实施后参加工作、缴费年限（含视同缴费年限，下同）累计满 15 年的人员，退休后按月发给基本养老金。基本养老金由基础养老金和个人账户养老金组成。退休时的基础养老金月标准以当地上年度在岗职工月平均工资和本人指数化月平均缴费工资的平均值为基数，缴费每满 1 年发给 1%。个人账户养老金月标准为个人账户储存额除以计发月数，计发月数根据职工退休时城镇人口平均预期寿命、本人退休年龄、利息等因素确定。

人员类别	国发〔1997〕26 号文件实施前已经离退休的人员	国发〔1997〕26 号文件实施前参加工作，实施后退休且缴费年限累计满 15 年的人员	国发〔1997〕26 号文件实施后到达退休年龄但缴费年限累计不满 15 年的人员
待遇	仍按国家原来的规定发给基本养老金，同时执行基本养老金调整办法	基础养老金 + 个人账户养老金 + 过渡性养老金	不发基础养老金，个人账户储存额一次性支付给本人，终止基本养老保险关系

以北京市为例，主要分三种情况测算：

◆ 1998年7月1日以后参加工作、符合按月领取基本养老金条件的职工，月度养老金＝月个人账户养老金＋月基础养老金。

> 月个人账户养老金＝个人账户储存额（累计缴费额度及利息）÷计发月数（若55岁、60岁退休，计发月数分别为170、139个月）
>
> 月基础养老金＝（当地上年度职工月平均工资＋本人指数化月平均缴费工资）÷2×缴费年限×1%
>
> 本人指数化月平均缴费工资＝当地上年度（退休前一年）职工月平均工资×本人实际缴费工资指数
>
> 本人实际缴费工资指数＝（参加工作第1年月个人缴费基数平均值÷当地上年度职工月平均工资＋……参加工作第n年月个人缴费基数平均值÷第n−1年当地职工月平均工资）÷n

◆ 1998年6月30日以前参加工作，2006年1月1日以后符合按月领取基本养老金条件的职工，月度养老金＝月个人账户养老金＋月基础养老金＋月过渡性养老金。

> 月个人账户养老金、月基础养老金计算过程和上述一致。月过渡性养老金为按视同缴费年限计算的月过渡性养老金与按实际缴费年限计算的月过渡性养老金之和，即：
>
> 月过渡性养老金＝当地上年度职工月平均工资×视同缴费年限×1%＋当地上年度职工月平均工资×本人实际缴费工资指数×职工1992年10月1日至1998年6月30日的实际缴费年限×1%。

◆ 2006年1月1日以后达到退休年龄但个人累计缴费年限不满15年的职工，不发给基础养老金；个人账户储存额一次性支付给本人，同时发给一次性养老补偿金，终止基本养老保险关系。

案例

某职工，男，1961年11月11日出生，1983年8月参加工作，1993年1月开始缴纳基本养老保险，于2021年11月办理退休手续，12月开始领取基本养老金。根据北京市基本养老金有关政策，月度养老金水平计算过程如下：

月度养老金=个人账户养老金+基础养老金+过渡性养老金=11416.87元

（1）个人账户养老金=402104.72÷139=2892.84（元）

其中，402104.72元为职工基本养老保险个人账户储存额，139个月为职工60岁办理退休，国家规定的养老金计发月数。

（2）基础养老金=（10534+10534×2.1218）÷2×38.33×1%=6302.42（元）

其中，10534元为北京市发布的计发基数；2.1218为职工实际缴费工资指数；38.33年为职工全部缴费年限（含视同缴费年限）。

（3）过渡性养老金=10534×9.42×1%+10534×2.1218×5.5×1%=2221.61（元）

其中，9.42年为职工视同缴费年限，即1983年8月至1992年12月的累计年限；5.5年为职工1992年10月1日至1998年6月30日期间的实际缴费年限。

第 *139* 问　个人账户养老金发完了，还会继续发吗？

按照目前的政策，若职工在60岁办理退休，可以发放139个月的个人账户养老金。发完了139个月，虽然个人账户没钱了，但国家还会继续发放，一分都不会少。

第 *140* 问　每月领取的基本养老金水平如何调整？

　　人力资源和社会保障部、财政部每年都会下发《关于调整退休人员基本养老金的通知》，明确从文件下发年份的 1 月 1 日起，对已按规定办理退休手续并按月领取基本养老金的企业和机关事业单位退休人员提高基本养老金水平，如 2021 年全国总体调整比例按照 2020 年退休人员月人均基本养老金的 4.5% 确定。

　　各地以全国总体调整比例为高限，确定调整比例和水平。调整主要包括定额调整、挂钩调整与适当倾斜相结合的调整办法，定额调整体现社会公平，同一地区各类退休人员调整标准基本一致；挂钩调整体现"多缴多得、长缴多得"的激励机制，使在职时多缴费、长缴费的人员多得养老金；适当倾斜体现重点关怀，主要是对高龄退休人员和艰苦边远地区退休人员等予以照顾。

　　以北京市 2021 年基本养老金调整为例，如下图所示。

2021 年北京市
养老保险待遇上调

退休人员养老金如何调整？

退休人员每人每月增加 50 元

定额调整

相结合

挂钩调整

适当倾斜

与缴费年限挂钩

① 满 10 年及以上的，缴费年限每满 1 年，每月增加 3 元；不足整年的余月数，每月增加 0.25 元。

② 不满 10 年的（不含建设征地农转工退休人员），每月增加 30 元。

③ 不满 15 年的建设征地农转工退休人员，每月增加 45 元。

与养老金水平挂钩

按 2020 年年底前的月基本养老金，以 2020 年本市居民人均可支配收入水平（5786 元）为基准线划分 2 档。

① 5786 元（含）以下的，每人每月增加 55 元。

② 5786 元以上的，每人每月增加 20 元。同时，在按照与养老金水平挂钩调整后，低于 5841 元的，还要进行差额补足。

适当向高龄退休人员倾斜

对在 2020 年 12 月 31 日（含）之前已经年满 65 周岁及以上的高龄退休人员，在按照上述办法进行调整后，再次享受 40~70 元四个档次的倾斜政策。

① 65~69 周岁，每人每月再增加 40 元。

② 70~74 周岁，每人每月再增加 50 元。

③ 75~79 周岁，每人每月再增加 60 元。

④ 80 周岁以上，每人每月再增加 70 元。

在此基础上，65 岁以上退休人员中缴费年限满 30 年的，每人每月再增加 5 元。

第141问 退休人员被判刑或失踪后如何享受养老保险待遇？

- 退休人员被判处拘役、有期徒刑及以上刑罚或被劳动教养的，服刑或劳动教养期间停发基本养老金，服刑或劳动教养期满后可以按服刑或劳动教养前的标准继续发给基本养老金，并参加以后的基本养老金调整。退休人员在服刑或劳动教养期间死亡的，其个人账户储存额本息可以继承，但遗属不享受相应待遇。退休人员被判处管制、有期徒刑缓刑和监外执行的，可以继续发给基本养老金，但不参与基本养老金调整。退休人员因涉嫌犯罪被通缉或在押未定罪期间，其基本养老金暂停发放。如果法院判其无罪，被通缉或羁押期间的基本养老金予以补发。

- 离退休人员因失踪等原因被暂停发放基本养老金的，之后被人民法院宣告死亡，期间被暂停发放的基本养老金不再予以补发；离退休人员被人民法院宣告死亡后，其家属应按规定领取丧葬补助费和一次性抚恤金。当离退休人员再次出现或家属能够提供其仍具有领取养老金资格证明的，经社会保险经办机构核准后，应补发其被暂停发放的基本养老金，在被暂停发放基本养老金期间国家统一部署调整基本养老金的，也应予以补调。

第 *142* 问 | 能否扣发离退休人员基本养老金抵偿债务问题？

基本养老金是保障离退休人员的"养命钱"，离退休人员能否按时足额领取养老金直接关系到离退休人员的合法权益和社会稳定。同时，基本养老金在发放给离退休人员之前，仍属于养老保险基金，任何单位不得查封、冻结和划扣。最高人民法院《关于在审理和执行民事、经济纠纷案件时不得查封、冻结和扣划社会保险基金的通知》（法〔2000〕19 号）对此也作出了相应规定。社会保险经办机构作为法定授权的社会保险基金收支、管理和运营机构，承担着将基本养老金按时足额发放给离退休人员的职能，社会保险经办机构不能直接扣发离退休人员基本养老金抵偿法院判决的债务。

第 *143* 问 | 退休人员享受基本医疗保险待遇需缴费多少年？

退休人员享受基本医疗保险待遇的缴费年限按照各地规定执行。

以北京市为例，在职职工达到法定退休年龄时符合本市按月领取基本养老金条件，且基本医疗保险累计缴费年限符合女满 20 年、男满 25 年的，可享受退休人员的医疗保险待遇，并建立退休人员个人账户。在劳动年龄内取得本市城镇户籍的原外埠户籍在职职工，基本养老保险在本市接续后，应参加本市基本医疗保险，退休时在本市实际缴纳基本医疗保险应达到 5 年。

小贴士

如果退休时基本医疗保险缴费年限达不到要求，应该怎么处理？

以北京市为例，不足上述年限的，在办理退休时，由本人按照用人单位和个人的缴费比例，按退休时的缴费工资基数一次性缴足基本医疗保险和用人单位应缴纳的大额医疗费用互助资金后，享受退休人员医疗保险待遇。未一次性补缴的，不享受职工基本医疗保险待遇，且此后不再办理一次性补缴手续。

退休后基本医疗保险个人账户的划入额度是多少？

以北京市为例，有关政策说明如下。

序号	年龄段	个人账户额度	备注
1	70 周岁以下	定额划入 100 元 / 月	3 元缴纳大额互助医疗费用，实际到账 97 元
2	70 周岁以上	定额划入 110 元 / 月	3 元缴纳大额互助医疗费用，实际到账 107 元

注：办理退休手续的退休人员，从领取基本养老金之月起按定额100 元划入个人账户，对达到 70 周岁的职工，从满 70 周岁的次月起按定额 110 元划入个人账户。

第 *144* 问 　退休后基本医疗保险的报销标准是什么？

基本医保报销标准根据各地医疗保障局规定执行。以北京市为例，报销标准如下表所示：

门诊类	类别	起付线	封顶线	报销比例	
				社区医院	其他医院
	70 岁以下	1300 元	2 万元	90%	85%
	70 岁以上				90%

住院类	起付线	医疗费用金额段	报销比例		
			一级医院	二级医院	三级医院
	本年度第一次住院 1300 元，第二次及以后每次 650 元	1300 ~3 万元	97%	96.1%	95.5%
		3 万 ~4 万元	98.5%	97.6%	97%
		4 万 ~10 万元	99.1%	99.1%	98.5%
—		10 万 ~50 万元	90%		

第 *145* 问 　工伤职工退休后如何享受工伤待遇？

工伤职工达到退休年龄并办理退休手续后，停发伤残津贴，按照国家有关规定享受基本养老保险待遇，基本养老保险待遇低于伤残津贴的，由工伤保险基金补足差额。

第 *146* 问 退休人员移交属地社会化管理的手续需要个人去办理吗？

无须个人办理，直接由单位与当地社会保险机构、街道对接并办理相关手续。

小贴士

退休人员社会化管理后，退休待遇会有变化吗？

以北京市为例，实行社会化管理后，基本养老保险、基本医疗保险、工伤保险待遇保持不变，发放途径也不变，继续执行现有相关规定。退休人员原享受的补充医疗保险相关待遇仍按原渠道解决，待遇保持不变。

退休人员社会化管理后，各类社保手续应该去哪里办理？

退休人员实行社会化管理后，社会保险关系转移至退休人员户籍地或常住地街道，涉及医疗费手工报销、待遇资格认证、死亡之后家属申领丧葬补助等基本养老保险、基本医疗保险以及工伤保险相关事宜的办理，都由社保关系所在街道政务服务中心负责。

第 *147* 问 离退休职工再参加工作受伤是否适用《工伤保险条例》？

根据《工伤保险条例》第二条、第六十一条等有关规定，离退休人员受聘工作单位已经为其缴纳了工伤保险费，其在受聘期间因工作受到事故伤害的，应当适用《工伤保险条例》的有关规定处理。

第 148 问 退休职工如何提取住房公积金？

- ◆ 可以在单位住房公积金开户银行经办网点办理退休提取。
- ◆ 可通过网上大厅或微信平台办理退休提取业务。

第 149 问 退休职工领取企业年金选择哪种方式缴税合理？

职工达到企业年金待遇领取条件后，可根据个人账户余额、个人所得税税负等情况选择一次性或分期（按月、季、年）领取企业年金待遇。

一次性领取时，个人账户积累额全额按照"工资、薪金所得"项目适用的税率一次性计税，一般纳税金额较多。

分期领取的年金，按月计征个人所得税。未领取部分金额仍参与年金投资，获取收益。因此，若退休职工不急需用钱，建议根据自身实际情况选择较优税率分期领取，最大程度上发挥企业年金补充养老保险的价值。

第 *150* 问 退休职工可享受企业提供的哪些福利保障？

符合条件的退休职工，可享受符合国家有关政策规定的养老性统筹外补贴、取暖费补贴、困难慰问费用等。

对于已建立企业补充医疗保险的单位，可依据本单位企业补充医疗保险管理规定，将退休职工纳入企业补充医疗保障范围，为退休人员看病就医报销部分医疗费用，提供医疗保障服务。

附录一　社保各项目缴费比例情况

类别	序号	项目	单位缴费比例	个人缴费比例	按缴费基数上下限计算每月应缴额度（元）						
					缴费基数		执行时间	每月单位缴费		每月个人缴费	
					上限	下限		上限	下限	上限	下限
五险一金（以北京市为例）		合计	38.5%~40.2%	22.5%+3元	—		—	10865.08~11344.84	1698.8~1789.92	6353.21	843.8
	1	基本养老保险	16%	8%	28221	5360	2021年7月—2022年6月	4515.36	857.60	2257.68	428.80
	2	基本医疗保险	9%	2%+3元				2539.89	482.40	567.42	110.20
	3	工伤保险	0.2%~1.9%	不缴费				56.44~536.20	10.72~101.84	不缴费	
	4	失业保险	0.5%	0.5%				141.11	26.80	141.11	26.80
	5	生育保险	0.8%	不缴费				225.77	42.88	不缴费	
	6	住房公积金	12%	12%		2320		3387	278	3387	278
企业补充保险	7	企业年金	单位缴费不超过工资总额的8%；单位和个人缴费合计不超12%		根据职工工资总额、单位缴费比例和个人缴费比例等确定						
	8	企业补充医疗保险	不超过职工工资总额的5%	不缴费	—						
企业福利	9	福利费	不超过职工工资总额的14%	不缴费	—						

注：随着生育保险和基本医疗保险合并实施，两项保险缴费一起征收，其中单位缴费比例为
9.8%，个人缴费比例为 2%+3 元。

附录二 相关咨询及联系方式

一、国家层面

人力资源和社会保障政策	咨询电话：12333
人力资源和社会保障部网站	http://www.mohrss.gov.cn
国家社会保险公共服务平台	http://si.12333.gov.cn
国家医保局网站	http://www.nhsa.gov.cn
国家医保服务平台网站	https://fuwu.nhsa.gov.cn
住房和城乡建设部网站	http://www.mohurd.gov.cn
国家异地就医备案微信小程序	
全国住房公积金小程序	

掌上 12333

国家医保服务平台

二、地方层面（以北京市为例）

北京市社保卡	咨询电话：96102
北京市人力资源和社会保障局网站	http://rsj.beijing.gov.cn
北京市医保局网站	http://ybj.beijing.gov.cn
北京住房公积金管理中心网站	http://gjj.beijing.gov.cn

北京人社、医保北京、北京公积金、中央国家机关住房资金管理中心等
微信公众号